# 일본의
# 미래,
# 새로운
# 리더십

# 일본의 미래, 새로운 리더십

새로운 시대에는 신념, 정열, 용기를 갖고
상식을 타파하는 새로운 인재가 필요하다

오타케 요시키 지음 | 구명숙·이영희 옮김

숙명여자대학교 출판국

| 머리말 |

# 기업경영자여, 지금이야말로 힘을 낼 때다

일본은 지금 미래를 헤쳐갈 힘을 잃고 패배감에 사로잡혀 있다. 불황은 더욱 심각해져 거품 경제가 청산될 전망은 보이지 않는다. 일본 경제를 재생시킬 구조개혁이나 규제완화는 지지부진하다. 정치는 교착 상태에 빠지고 행정은 어려움에 처해 있다. 실업율은 상승하여 실직의 불안에 휩싸인 샐러리맨이 적지 않고, 일본의 장래를 짊어질 청소년들도 밝은 미래를 그리지 못하고 있다.

왜 이렇게 되어버린 것일까?

바로 얼마 전까지만 해도 대양을 질주하는 배 위에는 태양이 빛나고 기분 좋은 바람이 볼을 어루만지며, 바다새가 날아다니고 있었다. 그런데 눈깜짝할 사이에 먹구름이 몰려오고 바람이 강해져 비까지 내리기 시작했다. 비바람은 강해지기만 하고 시야가 보이지 않는다. 배는 나뭇잎처럼 흔들려 조난당할 위험에 처해 있다. 물론 승무원 누구도 수수방관하고 있지만은 않다. 모두 위기감을 가지고 각자의 위치에서 열심히 노력하고 있지만 배는 방향도 못 잡고 파도에 휩싸이기만 할 뿐이다.

일본이라는 나라도 그리고 불황에 허덕이고 있는 기업도 이와 같이 폭풍의 영역에 진입한 배에 비유할 수 있을 지 모른다. 그런 위기 상황에서 해야 할 일은 무엇인가? 배의 키를 바로잡아 폭풍의 영역을 탈출하여 안전한 해역으로 피난한 후 다시 목적지로 향해야 한다. 그런데 왜 그것을 할 수 없는가?

정부가 일본 경제 재생을 목적으로 설치한 경제전략회의에 등용된 멤버 중 도요타 자동차의 오쿠다 히로시(奥田碩) 사장은 이렇게 말한다.

"어떤 일을 해야 할 지는 서점에 가면 있다."

이 배에는 레이더뿐 아니라 항해도도 구비되어 있다. 배의 키를 꺾는 일만 남았다. 그런데 배의 키를 바로잡을 선장이 없다. 아니, 선장은 있지만 배의 진로를 지시할 수 없다. 지금까지는 자동 조종으로 설정해 두고 어느 정도 해 나갈 수 있었지만, 수동으로는 키를 조종할 수 없는 것이다.

현실에 비추어 말하자면, 각각의 조직에는 반드시 '톱'이라는 직함을 가진 사람이 있다. 그러나 유사시에 리더로서 그 역할을 다할 수 있는 사람이 얼마나 있을까? 위기에 처했을 때 최고 리더가 리더십을 발휘할 수 없다면 구성원들은 우왕좌왕할 수밖에 없다.

지금 불황의 진흙탕에 빠진 일본에 필요한 것은 리더십을 발휘할 지도자이다. 심각한 환경에 놓여 있는 기업의 최고 경영자에게도 강한 리더십이 기대되고 있다.

리더는 독재자가 아니다. 사람들의 위기감이나 패배감은 종종 독재자나 독재 체제를 낳아 역사의 비극을 초래했다. 이는 국가는 물론 기업 경영에 있어서도 마찬가지이다. 잘못된 리더를 따라가는 것만큼 무서운 일은 없다.

그렇다면 '리더의 조건'이란 무엇인가? '리더십'이란 무엇인가? 상황을 정확하게 인식할 수 있는 안목, 과감하게 판단을 내릴 수 있는 결단력, 주위를 끌어당기는 인간적 매력……. 이렇게 열거하면 이런 능력을 갖춘 리더가 얼마나 있을까 의문을 가질 수도 있지만, 이러한 요소는 잠재적으로 누구나 가지고 있다. 나는 이 문제에 대해 오랫동안 나름대로 연구를 계속해 왔다.

현재 나는 아메리칸 패밀리 생명보험회사(약칭 AFLAC)의 일본 대표 및 이사회장이면서, 일본의 새로운 비즈니스 환경 구축을 위해 설립한 국제기업경영자협회 부회장, 정부와 민간이 공동 출자한 반민 반관 주식회사 대일투자 서포트 서비스 이사, 중소기업 금융공고 성장 신사업 육성심사회 위원장, 사단법인 뉴비즈니스 협의회 부회장, 재단법인 국제과학진흥재단 부회장, 경제동우회 간사 등을 겸임하고 있다. 이러한 일을 통해 국내외의 많은 분들과 교류할 수 있었다. 나는 다양한 분야의 분들과 이야기할 때마다 리더의 조건이나 리더십을 화제로 삼아 왔다. 많은 분들이 귀중한 의견을 들려 주시고 자료를 보여 주셨다. 그럴 때마다 새로운 것을 배우고 새로운 것을 발견했다. 나는 생각을 바꿔 시야를 좀 더 넓히면 누구라도 리더가 될 수 있다는 사실을 확신하고 이 책을 쓰기로 결심했다. 지금만큼 리더가 필요한 때는 없다. 지금 경영자의 위치에 있는 사람들만이 아니라 기업, 단체, 조합 등에서 활약하고 있는 많은 사람들에게도 참고가 되었으면 한다.

이 책은 일본과 일본인의 기력 회복을 위해, 그리고 일본의 부흥을 위해 오타케 요시키가 보내는 응원으로 받아 주셨으면 한다.

지금까지 7권의 저서를 일본에서 출판했습니다만, 제 책이 외국어로 번역되어 출판되기는 이번이 처음입니다. 한국 독자들을 만날 수 있는 좋은 기회를 주신 숙명여자대학교 리더십개발원에 진심으로 감사드립니다. 저의 또 다른 책『일에 있어 정말로 소중하게 하고 싶은 것』도 곧 대만에서 번역출판될 예정입니다. 이 잇따른 해외출판에 저는 몹시 감격하고 있습니다.

내년 4월부터 일본 분쿄대학 대학원에서는 '21세기를 담당하는 리더양성' 강좌를 개설할 예정입니다. 일본 최초로 본격적인 리더십을 배울 수 있는 장을 마련하는 것이지요.

100년 전통을 가진 숙명여자대학교에서는 "창의적이고 전문적인 여성 리더의 육성"을 목표로 충실한 리더십 교육을 실시하고 있는 것으로 알고 있습니다. 또한 현재까지 훌륭한 리더를 많이 배출하여 한국뿐만 아니라 세계 각국에서 활약하고 있다고 들었습니다. 저는 그후 한국의 리더십 교육을 보고 많은 것을 깨달았고, 일본의 차세대를 담당할 젊은이들을 세계적인 리더로 양성하는 데 주력하고자 결심했습니다.

2005년 2월 오랜만에 한국을 방문한 저는 한국의 많은 정? 재계 대표자 여러분과 이야기를 나누면서, 한국의 파워에 압도되었습니다. 같은 해 5월 초순 이경숙 총장님의 초대로 숙명여자대학교를 방문하였을 때는 상쾌하고 예의바르고, 희망에 가득찬 활기 있는 학생들의 모습에 감동했습니다. 8월에는 일본 지역금융기관 경영자들을 동반하여 대구테크노파크와 아시아사이언스파크협회를 시찰할 기회를 얻었습니다. 지방자치단체가 대학과 일체가 되어 지역벤처육성·지원에 힘쓰고, 또 성공하는 모습을 보면서 지역 재생·활성화의 힌트를 얻었습니다. 이처럼 여러 기회가 주어지면서 저는 한국과의 인연이 점점 깊어지는 것을 실감하는 동시에 앞으로도 일본과 한국 양국의 교류를 활발히 하고, 이러한 교류를 전 아시아권으로 확대해 '아시아경제협력공동체' 형성을 목표로 해야 한다는 생각을 강하게 가지게 되었습니다. 이것이 실현되면 새로운 '아시아의 시대'가 열리게 되겠지요. 그리고 한국과 일본의 리더들이 그 일익을 담당하게 될 것이 틀림없습니다.

새로운 아시아의 시대에 요구되는 리더십은 어떤 것인가, 그것을 탐구하여 리더를 육성하는 데 있어 한국의 독자들에게 이 책이 조금이라도 도움이 된다면 더 없는 기쁨이 될 것 같습니다.

2006. 1

오타케 요시키

## | 역자의 말 |

이 책의 저자 오타케 요시키는 1974년 일본에서는 처음으로 '암보험'을 도입하여 아메리칸 패밀리 생명보험회사(AFLAC)를 일본 최대의 외자계열 생명보험으로 키운 후, 연속 두 자리 수의 성장을 실현시키고 있다. 그는 이 책에서 자신의 기업 성공 체험을 바탕으로 정치·경제적 침체 현상을 극복하기 위해 일본이 새로운 리더십을 창출해내야 한다고 강조하고 있다. 한때 일본이 '경제적 동물'이라는 야유를 들으면서도 경제는 '일류'였던 시대가 있었으나 이제는 경제도 정치도 평가받지 못하는 나라로 극심하게 침체되어 있다고 날카롭게 지적하면서 정치, 경제에 있어서의 리더십 부재를 비판하고 있다. 즉, 일본의 극심한 침체현상을 이겨내고, 일본을 재생시키려면 일본의 전통적 리더십으로는 불가능하다는 것이다. 일본은 선장 없이 위험한 빙산 속을 항해하고 있다고 우려한다. 격렬한 환경변화를 앞두고 일본은 무엇을 하고 있는가? 깨우치면서 일본을 재생시킬 새로운 리더십을 요구하며 21세기의 리더상을 명쾌하게 제시하고 있다.

오타케 요시키는 스스로의 꿈과 경영이념을 모든 사원과 공유하며, 전원참가의 경영을 가능케 했을 뿐만 아니라, 항상 구체적인 전략을 제시하여 목표를 달성해 나가면서 꿈을 사원들과 함께 실현해 왔다. 사원들이 오타케 회장을 바라보면서 "리더는 보통사람 이상의 강한 의지가 중요하다"는 깨달음을 가졌다고 할 정도로 그는 굳은 신념과 의지를 소유하고 있으며, 스스로가 올바르다고 생각한 것에 대해서는 어떤 장해가 있어도 포기하지 않는 리더이다.

그는 이 책에서 유럽과 미국의 역대 대통령들의 경제정책을 제시하여, 세계의 우수한 리더들이 어떠한 사고방법으로 무엇을 믿고 있는지, 어떠한 아이디어를 낳았으며, 중요한 결정을 해야 될 때 어떤 판단을 내렸는지 그 실례를 소개하여 독자들에게 풍부한 시사를 던져 주고 있다.

어린 시절부터 "세상에 나가 남을 위해 일하라"는 부모님의 말씀을 실천해 오면서 형성된 오타케 요시키의 사고의 바탕은 어디까지나 '인간'임을 알 수 있다. 그 스스로도 '사람'을 중시하는 경영 방법이 성공의 최대 원동력이 되었다고 말한다. 그렇듯, 이 책에서 그가 제시하는 최고의 리더 역시 '인류애와 인간애를 가진 봉사자'이며 '바통을 넘겨 줄 리더를 키우는 리더'이다.

그는 일본 대기업의 경영자의 입장에서 이 책을 펴냈지만, 의식개혁과 도전정신을 가지고 개성창조력을 길러 인생을 개발하고 콘트롤하는 셀프 리더십을 잘 보여주고 있다. 이러한 셀프 리더십과 낙관주의적인 사고와 '인간애'에 토대를 둔 경영철학은 경영자뿐만 아니라, 좌절에 빠져 헤어나기 힘든 사람들에게 위기극복의 용기와 삶의 방향을 제시해주는 좋은 지침서가 될 것으로 믿는다.

이 책을 번역하도록 허락해 주신 오타케 회장님께 깊은 감사의 말씀을 드리며, 이 책을 만드느라 애써 주신 숙명여자대학교 출판국장님과 박선희 선생을 비롯한 여러분의 노고에 진심으로 감사의 뜻을 전하고 싶다.

독자 여러분의 많은 질책과 교정의 말씀을 기다린다.

2006년 1월

옮긴이

차례

## 2장_리더십의 탄생



## 3장_리더십의 구조

## 4장 _ 리더십을 실천한다

# 01

## 리더십이 시대를 연다

### –지금 일본에 필요한 것은 무엇인가?

사람이 환경에 익숙해지면 모든 것을 당연하다고 생각해 버리고 위기 상황이 찾아와서야 의문을 품는다. 지금 일본의 상태, 자기가 몸담고 있는 기업이나 단체의 현상을 그러한 눈으로 재검토해 보면, 지금까지 보이지 않았던 부분이 보인다.

개혁해야 할 것은 많겠지만 그를 위해서는 강력한 리더십이 필요하다. 이 장에서는 지금 왜 '리더'와 '리더십'이 요구되는지를 서술한다.

# 01 리더가 없는 일본식 경영

## 리더십의 원형

리더십이란 무엇인가? 아는 듯하지만 실제로는 애매한 점이 많다. 우선 알기 쉽게 등산을 예로 들어 보자.

동료 몇 명과 함께 등산을 하기로 했다. 결코 가볍게 오를 수 있는 산이 아니다. 예정된 코스에는 험난한 장소가 몇 군데 있고 도처에 위험이 도사리고 있다. 날씨도 변하기 쉬우며 조난당할 위험도 있다. 말하자면 산에 올라보았던 경험이 어느 정도 있는 사람이 오를 수 있는 산이다.

산에 오르기 위해 우선 당신들은 리더를 정해야 한다. 아무리 소수의 등산대라 해도 리더는 꼭 필요하기 때문이다. 리더는 멤버의 체력에 맞추어 페이스를 조절하기도 하고, 체력 소모를 가늠해 휴식을 취하게 한다. 길을 잃었을 때 그대로 전진할 것인가, 후퇴해서 처음부터 다시 시작할 것인가, 기후가 나빠지면 일시 피난해서 대기할 것인가, 아니면 하산할 것인가 등의 판단을 내리기도 한다. 이것이 리더의 역할이다.

그런데 당신은 동료 중에서 누구를 리더로 할 것인가? 경험이 풍부하고 등산에 대한 지식이 있으며, 가혹한 상황에 처하더라도 냉정한 판단을 하여 동료들을 두루 보살필 수 있는 타입이라면 말할 것도 없다. 자기 일보다 멤버의 몸과 안전을 우선시할 수 있는 헌신적인 사람이라면 최고다. 예를 들어 이상적인 타입은 아니더라도 그에 가까운 사람을 리더로 뽑을 것이다. 그와 반대로 연장자이니까, 동료들을 잘 규합하니까, 사회적인 지위가 높으니까 등을 기준으로 해서는 안 될 것이다.

예를 들면 험난한 장소에 접어들었을 때, 어느 코스로 가면 위험이 적을지 리더가 결정을 하면 등산대는 그것을 따르게 된다. 리더가 잘못된 결정을 내리면 멤버는 위험에 처할 것이다. 따라서 유능하며 신뢰할 수 있는 리더를 뽑는 것은 등산에 성공하기 위해서도, 또 자신의 몸을 보호하기 위해서도 필요하다.

만약 등산대에 리더가 없거나, 리더가 있어도 그 역할을 다하지 못한다면 어떻게 될까? 상황에 따라 코스를 선택할 때, 장애에 직면하여 등정을 계속할지 단념할지 결단을 해야 할 때마다 멤버들이 상의를 해야 할 것이다. 결론을 내리는 데 시간이 걸린다면 너무나 귀중한 시간을 허비하게 된다. 의견이 분분하여 마지막까지 합의점을 찾지 못한다면 등산대는 분열될 수도 있다.

바로 이 등산대의 리더에게 기대되는 역할이 바로 리더십의 원형이다. 멤버의 기술과 체력, 경험 등이 같은 수준이라 해도 등산에 성공할지 실패할지는 이 리더의 능력에 달려 있다. 또 좋은 리더를 따르는 멤버는 기술적으로나 정신적으로 레벨업이 가능함과 동시에 장래의 리더로 성장할 것이다. 유능한 리더에게 인솔된 등산대가 등정에 성공하길 빌며 우리 세계의 이야기를 해 보자.

## 한계에 부딪친 집단주의

상당히 오래된 이야기지만 어느 회사의 사장으로 취임하신 분을 파티에서 만나 축하 인사를 드렸다.

"취임을 축하드립니다. 앞으로 더욱 바빠지시겠지만 부디 건강에 신경 쓰십시오."

그는 전무였을 때 몸이 두 개 있어도 모자랄 정도로 바빴다. 나는 생명보험회사의 경영자여서 그런지 그런 사람의 건강이 신경 쓰인다. 그러나 사장님은 태연하게 말씀하셨다.

"사장이 되면 오히려 편해집니다. 실무는 전무 이하의 임원이 전담하고 사장은 위로 올라온 안건을 결재할 뿐이니까요."

겸손함도 있고, 또 겸연쩍어서 그랬을지 모르지만 사장이라는 지위는 결재하는 것이 일이라고 말씀하셨다. 솔직히 말하면 그런 회사가 괜찮을까 하고 걱정되었지만 잠자코 있었다.

어느 조직에나 '톱'이 있게 마련이다. 회장, 사장, 대표, 소장, 간사 등 호칭도 다양하지만, 이들은 모두 그 조직의 대표자이며 최고 책임자이다. 그러나 각자 조직 속에서 톱이 어떠한 역할을 완수하고 있는지는 천차만별이다. '독재자'라 불릴 정도로 절대적인 권한을 가지고 있는 톱도 있지만, 직함만 있지 실권이 없는 톱도 있다. 톱 개인의 캐릭터뿐만 아니라 오랫동안 배양되어 온 조직 풍토에 의해 톱의 역할은 정해질 것이다.

나는 많은 조직을 보아 왔지만 일본은 톱의 실질적인 역할이나 권한이 적은 경우가 많다. 형식상으로는 권한을 가지고 있다 해도 상당한 부분을 부하나 멤버에게 위임하고 있다. 말하자면 '바텀업(하의상달)'이라든가 '집단주의'의 풍토가 지배적이다. 톱이 지시를 내리는 것이 아니라 부하에게서 올라온 제안을 톱이 결재한다. 권한이나 역할을 어느 한 개인에게 집중시키지 않고 다수의 멤버가 하나가 되어 담당한다. 뛰어난 결단보다 합의를 중시한다. 그런 의미에서는 조금 전에 말한 그 사장님은 일본의 전형적인 톱이라 할 수 있을 것이다.

일본이 고도성장을 계속한 1970-1980년대, 이 바텀업이나 집단주의가 강력한 일본 기업을 만든 원천이라는 주장이 있었다. 그러나 일본 기업의 조직 풍토가 바뀌지 않았음에도 불구하고 지금의 일본 경제는 심각한 불황에 빠져있고, 위기에 빠진 기업도 적지 않다. 이로써 이 주장은 근거를 잃어버리고 말았다.

나는 바텀업이나 집단주의가 통용되는 것은 경제 환경이 양호하고 목표가 확실하여 거기에 다다르는 길이 누구의 눈에도 명백한 경우에 한정되어 있다고 생각한다. 당시 일본은 미국을 따라잡겠다는 목표가 있었고, 따라서 미국에서 팔리고 있는 공업 제품이나 서비스를 보고 일본 기업이 무엇을 만들어야 하는지를 알았다. 행정은 거기에 규제와 보호라는 틀을 씌우고 기업간의 이해를 조정하여 질서를 만들어 왔다.

즉, 평탄한 포장도로를 걸어 역으로 향하는 것과 같았다. 구부러진 길이 나오면 방향을 지시하는 표식도 있다. 그런 알기 쉬운 길이라면 지시하는 사람은 필요없다. 리더가 없어도 집단은 목적지에 도달할 수 있었다.

그런데 지금 우리들이 걷고 있는 길은 평탄한 포장도로가 아니다. 경제는 후퇴국면에 돌입하였고 정치는 정체되었으며 사회의 가치관은 다양해지고 있다. 말하자면, 험한 산길에 발을 들여놓아 앞이 보이지 않는 상태다. 이러한 때에 피크닉 기분으로 걸어다닌다면 길을 잃고 조난당할 것이다. 지도를 잘 읽고 현재 위치를 확인하여 집단이 나아가야 할 방향을 지시할 사람이 필요하다. 앞에서 말한 등산에서 빼놓을 수 없는 유능한 리더 말이다.

우리가 살고 있는 마을에는 사방으로 길이 나 있으며, 포장도 잘 되어 있고 표식도 정비되어 있다. 그 혜택에 익숙해지면 그것이 당연하다고 생각한다. 그러나 국토의 대부분은 삼림으로 덮여 있는 산이며 거기에는 길도 표식도 없다. 경제 환경도 마찬가지이다. 목표나 거기에 도달하는 방법이 명확한 경우는 예외적이다. 지금 우리는 마을을 벗어나 산에 들어와 있는 셈이다.

지금까지 일본 기업의 대부분이 바텀업이나 집단주의로 유지될 수 있었던 것은 어떤 의미에서는 행복했던 과거의 일이다. 톱이 나아가야 할 길을 지시하지 않아도 어디로 향하면 좋을지 모두가 알고 있었다. 거기에는 리더도, 리더십도 필요없었다. 그러나 그런 시대는 이미 지나갔다.

## 정치의 리더십 부재

기업의 이야기에서 화제를 조금 더 넓혀 보자. 지금 정치 세계는 리더십을 요구하고 있다. 정치 리더십이란 최적의 정책을 제시하여 자기가 소속된 정당뿐 아니라, 다른 당까지 움직여 국민의 지지를 획득하고 정책을 실현하는 것이다. 특히 불황대책이나 경제 재생이라는 과제는 스피드를 요구한다.

그런데 안타깝게도 일본에서는 그러한 리더십이 발휘되지 않고 있다. 이것은 위정자 개인의 자질만 문제가 아니다. 일본에는 지금까지 오랫동안 리더로 부르기에 걸맞는 사람도 정치가도, 그리고 리더십도 없었기 때문에 지금 갑자기 구할 수가 없다.

일본의 정치는 주로 이해 조정을 중심으로 움직여 왔다. 예를 들면 중앙관청의 이해가 대립하는 경우가 있다. 소위 줄다리기 분쟁이라고 하는데, 이 경우 보통 장관절충 등으로 결탁된다. 혹은 행정이 내세운 정책에 야당이 반대하는 경우, 여당이 양보하여 간신히 합의에 도달하기도 한다. 때로는 탈선하여 자신의 선거구에 대형 공공사업을 끌어 온다.

이런 것은 본래 정치가의 역할이 아니지만, 이해 조정을 본분이라고 생각하는 정치가는 이것을 당연하게 생각한다. 이러한 정치풍토에서는 밀실 담합과 사전 교섭이 특기인 정치가는 있어도, 논리와 변설로 정책을 호소하여 지지를 확보하는 리더는 나타나기 어렵다.

이것이 리더십을 가진 정치가가 등장하기 힘든 소극적인 이유라면, '리더 짓밟기'라고도 할 수 있는 적극적인 이유가 있다. 리더십은 새로운 정책을 실현하고자 할 때 발휘되는데, 이럴 때 기득권을 빼앗기는 일이 있다.

정책이란 일정한 정치적 이념을 실현하기 위한 구체적인 시책이다. 그것을 재정면에서 보면, 한정된 자원을 어떻게 배분하는가의 방법론적 문제인 것이다. 이쪽에서 쓰던 예산을 다른 곳으로 돌리면 예산이 줄어든 쪽은 기득권을 빼앗긴다. 새로운 정책을 실현하기 위해서는 불가피한 일이다. 그렇게 되면 기득권을 잃는 집단은 '총론에는 찬성하지만 각론에는 반대한다'고 외치며, 연합하여 새로운 정책을 제창하는 리더를 끌어내리려고 한다. '리더 짓밟기'이다. 실제로 정부의 관청별 예산은 최근 20여 년간 그 비율이 거의 변하지 않고 있다. 국정 차원에서도 큰 정책 전환은 없었다. 결국 리더십을 발휘한 정치가가 없었다는 증거이다.

리더십 부재는 정치에 한정된 이야기가 아니다. 일본 사회의 적지 않은 부분이 기득권을 빼앗는 새로운 정책을 실현하고자 하는 리더를 좋아하지 않는다.

예를 들어 학교의 교과과정을 시대에 맞게 바꾸려고 하면, 새로운 과목이 생기고 수업 시간이 늘어나는 과목이 있는 반면, 시간이 줄어들거나 폐지되는 과목이 나온다. 축소 또는 폐지되는 과목을 담당하는 교사의 입장에서 본다면 인원수가 삭감되거나 실직하게 되므로 반대 운동을 한다. 이 경우 리더십을 갖고 결단을 내려야 할 사람이 응징이 두려워 결단을 못한다면 교과과정의 개혁은 진전되지 않는다.

앞에서 일본 기업은 바텀업이나 집단주의로 유지되어 왔다는 이야기를 했는데, 이것도 조직 속의 각 부문이나 거기에 소속된 개인의 기득권을 지키기에는 편리하다. 새로운 제안은 하부에서 나온다. 그것도 품의 등, 타부문의 합의를 얻어 행해진다. 자신들의 권익을 침범하는 제안은 나오지 않는다. 이렇게 해서 일정 규모 이상의 기업은 각 부문의 연합체일 뿐이며, 톱 경영자에게는 정치가처럼 부문간의 이해 조정이 중요한 일로 여겨진다.

그러나 경영 환경이 악화된 지금, 그러한 방법은 더 이상 통용되지 않는다. 많은 기업에서는 저조한 실적으로 구조조정을 하지 않을 수 없다. 종업원이나 임원을 줄일 때는 '톱다운(상의하달)'식으로 지시해야 하지만, 그것이 익숙치 않은 경영자는 고민하게 된다.

## 리더는 10년 앞을 읽고, 매니저는 오늘 하루를 생각한다

지금까지 리더의 톱다운을 강조했지만, 권한을 강화한다고 해서 리더십을 발휘할 수 있는 것은 아니다. 소위 '원맨(독재자)'으로 불리는 사람이 반드시 유능한 리더는 아니다. 어떠한 방침을 톱다운으로 지시하는가가 중요하다.

닮은 것 같지만 닮지 않은 리더의 역할과 매니저의 역할이 있다. 조직을 규합한다는 점에서 동일한 역할을 하지만, 그 내용은 완전히 다르다. 리더의 지시나 명령은 눈앞의 이익에 사로잡혀서는 안 된다. 조직 전체를 전망하여 장래의 일까지 생각하는 전략이 필요한 것이다. 거기에 비해 매니저는 맡은 부문을 충분히 다 하도록 하는 역할을 담당하고 있다. 위에서 주어진 목표를 구체화하여 실행토록 하는 역할이다. 리더가 10년 앞을 내다본다면, 매니저는 오늘 하루를 생각한다.

그런데 기업의 톱이면서 눈앞의 이익에 쫓겨 앞을 보려고 하지 않는 사람이 있다. 리더가 아니라 매니저에 걸맞는 타입이다. '부장'을 영어로 매니저라고 한다. 부장으로서는 유능할지 모르지만 경영자로는 맞지 않는다.

이러한 매니저형의 경영자가 적지 않다. 거품경제로 일본 전국이 들끓었을 때, 금융기관은 부풀어난 자금을 기업에 대출해 주었다. 많은 기업은 그 자금으로 주식 투자를 하거나 토지를 구입했다. 당장 연간 수십 퍼센트라는 이익을 올리고, 또 자금을 빌려 투자를 하고, 재테크를 향해 질주했다. 다른 기업과 동일하게 되려는 의식이 강한 일본기업은 모두 함께 '돈 놀이'에 참가했다. 그러나 거품경제가 붕괴하자 토지와 주식은 하락했고 은행도 일반 기업도 거액의 손실을 입었다.

거품경제에 들떠 있던 경영자는 10년 앞을 생각하지 못하고 눈앞의 이익만을 쫓고 말았다. 땅값이 1년만에 50퍼센트, 100퍼센트나 올라갔다. 아무리 좋은 땅이라 해도 그런 높은 가격의 토지에 임대용 빌딩을 지었다면, 임대료 수입으로는 이자를 지불할 수 없다. 수익을 올릴 수 없을 정도로 땅값은 폭등하고 있는데 여전히 사고 팔기를 반복해 땅값을 더욱 올렸다.

주식 투자도 마찬가지였다. 액면가 배당 이율이 6퍼센트 정도인 주식이 액면의 20배, 30배로 매매되었다. 이렇게 되면 배당 이율이 아닌 가격상승 이익밖에 기대할 수 없지만, 언제까지나 가격상승이 계속될 리 없다. 토지도 주식도, 마지막에 조커를 가진 사람이 지는 카드 게임이 되었다. 보통 트럼프라면 53장의 카드에 조커가 한 장밖에 없다. 그러나 거품이 사그러들자마자 카드 전부가 조커로 변했고, 게임은 끝났다.

조금만 생각했다면, 이런 '돈 놀이'는 언젠가 파탄난다는 사실을 알았을 것이다. 경영자는 눈앞의 이익을 찾기보다는 미래를 전망하는 역할을 맡고 있어야 한다. 자신의 직책에 따라 뜻을 굽히지 않고 재테크를 금지한 기업, 위험한 부동산 대출을 하지 않은 지방 은행의 경영자도 있었다. 재테크로 질주하여 손실을 낸 기업의 톱은 '경영자 실격'이라고 불러야 마땅하다.

덧붙여 말하자면, 아메리칸 패밀리 생명보험회사에서는 투자에 대해서는 투자위원회를 설치하고 투자방침을 정한다. 그리고 이 방침에 따라 재무부가 투자 적격 여부를 판단, 안전성 높은 채권을 중심으로 투자 운영을 수행하고 있다. 부동산 투자에 대해서는 회사 시설을 반드시 고려하며 극히 일부를 보유하고 있는 주식도 회사 내외의 정보를 바탕으로 폭락이 일어나기 전에 거의 매각할 수가 있다.

지금 일본이 불황에서 탈출할 수 없는 것은 거품경제의 외상이라고 해야 할 불량채권문제가 정리되지 않기 때문이다. 앞을 내다보지 못한 경영자들의 실패가 일본의 신용을 실추시켰다고도 할 수 있다. 불량채권을 탄생시킨 기업의 경영자는 리더로서의 자질을 문책 당해도 당연할 것이다. 10년 앞을 내다보는 경영자가 적었다는 사실이 현재의 심각한 불황을 낳았다고 할 수 있다.

## 냉대 받은 파견유학사원

1980년대에 들어서면서 대기업은 젊은 사원들을 미국의 하버드대학이나 콜롬비아대학의 경영대학원에 유학생으로 파견했다. 수학 기간은 2년, 재무제표에서부터 재무분석을 하거나 케이스스터디에서 주어진 조건을 토대로 영업 방침의 전환, 기업매수, 합병, 구조조정 등의 경영전략을 세우는 실천적인 커리큘럼을 소화하도록 했다. 즉 장래의 경영자로서 필요한 지식이나 사고를 몸에 익히도록 한 것이다.

당시 미국 회사는 MBA(경영석사) 취득자를 우선으로 하고 있었다. 일반대학 졸업생의 첫 임금은 연봉 2만 달러 정도이지만, MBA라면 4만 달러의 높은 수입을 보장받았으며, 입사 후 수년 내에 과장이나 부장으로 승진하는 예가 많았다.

일본 기업도 우수한 젊은이들을 간부 후보생으로 선발하여 경영대학원에 파견했다. 그런데 2년간의 유학을 마치고 회사에 돌아오고 나서 1년이 지나지 않아 그만두어 버리는 예가 속출했다. 회사 입장에서 본다면 유학 비용에서부터 그 기간의 급여까지 경비를 지불했는데, 귀국 후 회사를 그만두는 것은 굉장한 손해였다. 장래가 기대되는 우수한 인재가 사라지는 손실은 그 이상으로 크다.

그러한 사태로 곤란해진 회사는 파견 유학을 가는 사원에게 각서를 쓰도록 했다. 유학을 마치고 귀국한 후 10년 이내에 퇴직할 경우에는 유학 비용을 반납해야한다는 내용이었다. 그래도 귀국 후의 퇴직을 막을 수 없어서 파견유학제도를 폐지해 버린 기업도 있다.

왜 장래가 촉망되는 엘리트가 회사를 그만두고 마는가, 여기에 일본 기업경영의 사고방식이 나타나 있다.

미국의 경영대학원은 경영자에게 필요한 재무분석력이나 경영전략의 수립방법을 철저히 가르친다. 파견유학생은 귀국 후 대학원에서 습득한 방법으로 회사의 재무를 분석하거나 경영전략을 입안하기도 한다. 실례를 근거로 회사 경영에 접근할 수 있어 유학의 성과를 시험해 볼 좋은 기회이다. 그런데 그들은 금방 벽에 부딪친다.

열심히 배운 방법이 일본 회사에서는 통용되지 않는 것이다. 예를 들면 수익을 올리기 위해 이자를 지불하는 부채를 줄이도록 제안해도 상사는 은행과의 거래가 있으니까 어렵다고 한다. 제조설비를 지금 이상 늘리면 투자수익율이 저하된다고 지적해도 시장 점유율 지상주의에 거절당하고 만다. 채산성이 없는 부문을 축소 내지 폐지하기를 제안해도 전례가 있어서 불가능하다.

여기서 경영을 합리적으로 생각하여 톱다운식으로 자르는 미국식과 인간관계를 중요시 하여 현장을 고무시키는 일본식 경영의 차이를 엿볼 수 있다. 경영자의 리더십을 중시하는 미국식에 대해 오히려 리더십은 사내의 화합을 무너뜨린다고 하는 일본식 경영, 이런 반복 끝에 유학생들은 모든 걸 포기하고 자기 방식이 통용되는 외국자본 기업이나 경영컨설턴트 회사로 전직하게 된다.

어느 쪽이 옳고 어느 쪽이 틀렸다는 이야기가 아니다. 그러나 경제 환경이 변화하고 있는 지금, 기업에는 신속한 대응이 요구되고 있다. 스피드 경영이다. 톱 경영자가 리더십을 발휘하여 스피드 경영을 실현할 수 없다면 이 국면을 극복하기 어려울 것이다.

그렇다면 어떤 환경 변화가 경영자에게 리더십을 요구하고 있는지 살펴보자.

02

# 규제완화가 리더십을 요구한다

## 편리했던 규제와 보호

일본 사회에서 지금까지 리더십이 중시되지 않고 경우에 따라서 리더십이 경시된 배경에는 '규제'와 '보호'가 있다.

예를 들면, 일련의 구조개혁이 똑바로 진행되지 않는 것은 배후에  다양한 기득권 유지라는 저해요인이 현재의 일본 경영은 여러 가지 규제에 얽매여 있으며, 이것은 외국으로부터 비판의 표적이 되고 있다.

물론 국익에 관한 어느 정도의 규제는 필요하지만, '법령', '인허가', '행정지도' 등 지나치게 많은 규제 속에서 공명정대한 기업경쟁이 이루어질 리 없다. 정경유착은 국제사회에서는 통용되지 않는다.

지금 정부가 해야 할 일은 규제라는 장해물을 적극적으로 시장에서 제거하여 기업의 자유로운 의사결정을 방해하지 않는 일이다. 지금부터 일본이 나아갈 길은 이런 작은 결정의 축적 속에서 찾아낼 수 있는 것이다. 기업에 있어서 매력 있는 국가 만들기를 추진하는 것은 정부의 최소한의 역할이다.

'정치가는 있으나 정책은 없고', '관료는 있으나 나라는 망하고', 이는 그야말로 본말전도다. 그러나 이것이 버젓이 통해 온 것이 일본의 실태다. 이런 환경 속에서 리더는 육성되지 않으며 변혁을 지향하는 리더십은 뭇매를 당하기 십상이다.

규제완화는 말할 것도 없이 기업 활동의 자유를 인정하는 것이다. 자유는 법의 준수와 책임을 담보로 주어지는 것이다. 규제완화가 진행되고 나면서부터는 책임과 벌칙의 무거움을 스스로 명확히 인식하지 않으면 안 된다. 윤리도덕의 결여나 공모(共謀)가 버젓이 통과되는 일본의 로컬룰은 국제사회에서는 통용되지 않는다. 그 책임과 벌칙의 무거움은 보고의 의무를 경시해서 미국으로부터 배제되는 지방은행의 예를 보면 명백하다.

'다른 곳도 하고 있으니까 우리도 한다'는 식의 의식밖에 없는 리더는 결국 규제완화의 물결을 타고 새롭게 참가하는 국내 벤처기업이나 외국자본 기업에게 시장을 점차 빼앗기게 될 것이다.

'글로벌·스탠다드는 아메리칸·스탠다드이며, 앵글로색슨의 패권주의다'라는 지적도 있지만 싫든 좋든 이런 흐름에 대한 준비를 게을리 해서는 안 된다. 실제로 프리(자유), 페어(공평), 글로벌(국제

사회에 통용)인지 아닌지가 기업의 성패를 좌우한다.

'기업윤리'도 엄격히 요구된다. 나의 친구인 히로시마 종합은행의 모리모토 히로미치(森本弘道) 총재는 간부 전원에게 5가지 체크항목으로 시작하는 '윤리테스트'를 배부하여 그 핵심을 제시하고 있다.

톱의 윤리, 즉 리더의 윤리가 어떠해야 하는지에 대해 참고가 된다고 생각해서 이것을 소개하고자 한다.

★ '자신이 하는 일'이 우리 은행의 방침이나 목표에 일치하고 있습니까?

★ '자신이 하는 일'이 주주의 기대에 부응할 수 있습니까?

★ '자신이 하는 일'이 고객이나 지역사회를 위한 것입니까?

★ '자신이 하는 일'이 당신의 가족도 기뻐하는 것입니까?

★ '자신이 하는 일'이 당신 자신의 향상을 꾀하고 미래지향적인 것입니까?

기업윤리란 톱의 윤리이다. 그러한 의미에서 '모든 것은 톱이 결정한다'고 할 수 있다.

## 더욱 심해지는 경쟁사회

규제완화에 효과적으로 대응하지 못하면 국제사회에서 뒤처지고 만다. 더불어 미국의 대일정책에도 변화가 오고 있다는 사실에 주목해야 한다. 지금까지 보호해야 할 나라로 인식되어 온 일본이 적어도 냉전 후의 경제 전쟁에서는 가장 협력하기 쉬운 나라로 주목받고 있다.

또 중국 등의 사회주의 국가들은 냉전 종결 후 탐욕스러울 정도로 시장경제 참가에 힘쓰고 있다. 값싼 인건비에 값싼 제품이 자본주의 시장으로 속속 흘러 들어간다. 경제의 디플레이션이 가속화되면 금융 불안은 더욱 심각해질 것이다. 이렇게 격렬한 환경 변화를 앞두고 일본은 무엇을 하고 있는가?

이전에 하시모토 류타로(橋本龍太郎) 내각이 내세운 구조개혁도 진전이 보이지 않고 불황은 시간이 흐를수록 더욱 심각해져 국내는 갑갑한 패배감에 휩싸여 장래에 대한 불안도 더욱 절박하고 있다. 이것이 일본의 실정이다.

일본이 다시 '경제 선진국' 지위를 획득하기 위해서는 정부가 청사진을 그리고, 기업이 그것을 향해 돌진하는 '국가자본주의'에서 벗어나 세계 경제의 상식인 '시장자본주의'로 변화할 필요가 있다. 이를 위해서는 '경제의 글로벌화'와 '정보혁명', 그리고 '금융혁명'이라는 세 가지 과제와 정면 대항하지 않으면 안 된다.

생산자와 소비자의 관계를 보더라도 이전의 생산자 우위의 시대는 확실하게 종말을 고하고 있다. 앞으로는 소비자가 가장 저렴한 가격에 고품질 상품이나 서비스를 요구하는 '글로벌 시장' 시대가 되어 경쟁에 진 생산자는 도태될 것이다. 그것이 현실이다.

경제 전쟁의 승패를 결정짓는 열쇠는 '정보'에 있다. 현대는 온갖 정보가 순식간에 전 세계에 전달되는 시대로 정보의 가치와 그 선택 기준이 기업의 생명선을 쥐고 있다고 할 수 있다.

경제의 혈액이라 할 수 있는 금융에도 이전에 없었던 도태의 시대가 찾아오고 있다. 앞으로는 예금자에 대한 가장 높은 이자와 산업에 대한 유연한 자금 공급을 보장할 수 있는 금융기관만이 국경을 넘어 살아남는 시대가 될 것이다. 물론 이것은 개개의 기업에만 적용되는 문제가 아니다. 규제완화를 비롯한 적절한 경제 정책을 제시할 수 없는 국가는 경제적으로 쇠퇴하지 않을 수 없다.

예전에 일본을 두고 '경제는 일류, 정치는 이류'라는 말을 해 왔다. '경제적 동물'이라는 야유를 들으면서도 경제만은 '일류'였던 쇼와(昭和)시대는 이미 지나갔다. 이제 일본은 경제도 정치도 평가받지 못하는 나라가 되고 말았다. 일본은 경제의 글로벌화 앞에서는 사카이야 타이치(堺屋太一)가 말한 후진국에 지나지 않는다. 진보가 너무 느려 무서울 정도로 빠르게 뒤에서 따라오는 나라에 추월당하고 말았다. 일본 재생을 위해서 리더십이 절실히 요구된다.

## 시장 매커니즘이 기업도 사람도 도태시킨다

본래 기업가는 주주나 고객을 위해 스스로의 의지로 결정하고, 그에 따라 행동할 수 있는 자유가 보장되지 않으면 안 된다. 물론 소비자나 환경을 보호하거나 대기업이 중소기업의 자유를 침범하지 않도록 어느 정도의 제한을 둘 필요는 있지만 어디까지나 예외로 그쳐야 할 것이다.

개발도상국에서는 정부가 국가 재정을 투입하여 산업을 일으키고 일부 기업을 보호하며 민간의 경제 활동을 과도하게 규제하는 경우가 적지 않다. 일본도 메이지(明治)시대에는 '식산흥업(殖産興業)'을 내걸고 같은 일을 해 왔고, 2차대전 후에도 마찬가지로 '경제부흥'을 완수해 왔다. 그 짜임새는 지금도 변함이 없다.

그러나 민간기업이 성장하여 자립할 수 있게 되면 정부는 경제 영역에서 원칙적으로 손을 떼고 규제를 철폐하여 시장 메커니즘에 따라야 한다. 이 때 무엇보다 기업활동의 내용을 체크할 필요가 있으므로 미국에서는 민간의 적격심사기관이나 감사기관, 분석가 등이 이 역할을 한다.

영국의 경제학자 아담 스미스가 지적한 자유방임주의야말로 시장 자본주의의 원칙이다. 기업가의 자유로운 의사결정과 행동의 집적이 시장경제의 방향을 결정하는 것이다.

물론 구미를 비롯한 선진국도 완전한 의미의 자유방임주의는 아니다. 그러나 일본의 경우는 구미에서 '일본이질론(日本異質論)'이라는 말이 나올 정도로 동떨어져 있다. 그런데 아직도 현재의 경제 시스템이 뛰어나다는 환상을 품고 있는 사람이 있다. 이상적인 경제 시스템을 짜 보려는 노력도 빈약하다.

이대로라면 2차대전 후 일본이 반세기나 되는 시간을 들여 부지런히 쌓아 올린 기적의 번영도 곧 무너지고 말 것이다. 일시적인 경제 번영이 역사책에 쓰여지는 정도의 '살아있는 화석'이 되기 십상이다. 물론 일본도 노력은 하고 있다. 금융개국이라고도 할 수 있는 빅뱅을 정책으로,내세웠다. 이 일본판 금융빅뱅은 1996년 11월 이전에 수상이었던 하시모토가 당시의 재무부 장관과 법무부 장관에게 금융 시스템의 개혁을 지시한 것에서 시작했다. 그 후 증권거래 심의회나 금융제도 조사회, 보험 심의회, 기업회계 심의회 등의 각 관계 기관에서 구체화된 논의가 거듭되어, 1997년 전반에는 제각기 최종적인 개혁 내용을 담은 답신과 보고로 정리되었다.

거기에는 외국환 관리법의 개정 외에 일본 은행법의 개정, 금융감독청의 설치, 은행에서의 투자신탁이나 일부 보험상품의 판매 해금, 금융지주회사의 해금, 주식 수수료의 자유화, 증권회사의 증권종합구좌 설치 등, 실로 빅뱅이라고 불릴 정도의 내용이 타임스케줄과 함께 명기되어 있다. 재무부를 비롯한 관계자들의 대단한 의욕을 알 수 있었다.

그만큼 이 금융시스템의 개혁은 일본이 실시해야 할 구조개혁의 비장의 카드와 같은 존재로 일본 국내는 물론 해외에서도 높은 기대를 받고 있었다. 그리고 1998년 4월, 외환자유화를 시작으로 일본판 빅뱅이 본격적으로 출발했다.

영국의 금융빅뱅은 1986년에 행해진 금융·증권제도의 규제완화 결과, 지방증권회사의 도태와 재편으로부터 시작되었다. 미국의 경우는 지미 카터 대통령시대의 항공업계에 대한 규제완화에서 시작되었다. 이것으로 인해 판 아메리칸 항공이 도산했지만, 차츰 신규 항공회사들이 참가해 항공운임을 대폭 내렸고 항공업계 전체가 번영을 맞이했다. 이것을 계승한 레이건 대통령은 금융·증권업계의 규제완화를 대담하게 단행하여 그 후의 성장을 가져왔다. 두 나라 모두 규제완화의 영향이 한 업종에 그치지 않고 산업 전체로 파급되어 커다란 성과를 올렸다.

그러나 금융개혁으로 일본이 두 나라와 같은 성과를 볼 수 있을지는 전혀 예측할 수 없는 상황이다. 이번의 일본판 금융빅뱅은 '호송선단방식(護送船團方式)'이라 부르는 규제와 보호에 푹 잠겨 온 지금까지의 금융시스템에 전대미문의 커다란 구멍을 뚫을 것이다. 그러나 그것은 어디까지나 세계화에 필수불가결한 개혁의 하나에 지나지 않는다. 행정개혁이나 재정구조개혁을 시작으로 하는 일련의 구조개혁을 소홀히 해서는 성립되지 않는다는 점을 잊어서는 안 된다. 영국이나 미국이 금융개혁에 성공한 것은 그것에 관련된 분야에서도 개혁을 게을리 하지 않았기 때문이다.

일본의 금융빅뱅이야말로 화려한 데뷔를 장식했지만, 하시모토 내각이 이전에 내건 '6가지 개혁'은 관료의 역습으로 무력해지고 말았다. 그 뿐인가? 참의원 선거의 참패로 인해 하시모토 정권은 붕괴되었다. 이러한 상황에서 과연 금융빅뱅이 결실을 맺을 수 있을 것인가? 금융기관의 일원으로서 큰 의문이 남는다. 내가 일본판 금융빅뱅은 일본의 개항에 필적하는 대사건이기는 해도, 앞으로 일본이 해야 할 일대 구조개혁의 단서에 지나지 않는다고 지적하고 있는 것도 이러한 의문이 뇌리를 떠나지 않았기 때문이다. 일본이 재생하기 위해서는 일련의 구조개혁을 추진해야만 한다.

## 03

# 변화를 기회로

### 미국 경제재생의 주역

얼마 전 친구 한 명이 미공화당의 깅그리치 하원의장과 만났을 때, 미국 경제재생의 비결에 대해 질문했다. 나도 의장을 본 적이 있는데 무엇이든 솔직하게 얘기하는 분이다. 그분은 내 친구에게 아주 흥미로운 사실을 들려 주었다.

미국의 경제재생에 대한 정치가의 공헌은 겨우 10퍼센트 정도겠죠. 감세(減稅)의 공을 생각해 클린턴 대통령 5퍼센트, 공화당 5퍼센트를 주고나면 나머지 90퍼센트는 인텔의 글로브 회장이나 마이크로소프트의 빌 게이츠 회장 등 새로운 산업을 창출한 사람들의 노력에 의한 것입니다. 미국경제의 재생은 정부가 아닌 민간에 의해 이루어진 것이라고 해도 과언이 아닙니다.

이 말에는 주목해야 할 중요한 시사가 담겨져 있다. 하나는 역사적인 사고의 전환을 동반하는 경제 구조 변환을 추진해 그것을 성공으로 이끈 주역이 정부가 아니라 민간이라는 점이다. 또 하나는 그 추진을 위해 시련과 변화의 시대를 오히려 절호의 찬스로 포착하여 이것을 최대한으로 살리는 '리더'와 '리더십'의 존재가 불가결하다는 점이다.

첫 번째인 '민간'의 중요성에 대해서는 이미 여러 차례 지적한 대로이다. 정부가 해야 할 유일한 일은 기업가의 의사결정과 그것과 관련된 경제활동을 방해하지 않는 것이다. 보다 적극적으로 말하자면, 기업가의 장해물을 제거하여 길을 뚫는 일이다. 경제 분야에서 정치가에게 요구되는 리더십은 이것밖에 없다.

내가 정치가에게 요구하고 싶은 것도 이 점이다. 경제 분야에서 국가가 장래 비전을 제시하는 것은 각종 규제를 비롯한 불필요한 장벽을 부수는 길을 명확히 제시하는 일이다. 이 길만 보장된다면 국민은 10년 후의 장래를 믿고 현재를 그것을 위한 태동기로 여길 수 있다.

두 번째인 '리더'의 존재는 더욱 중요하다. 격동의 시대에 가장 필요한 것은 새로운 가치를 낳는 '창조력의 발휘'이다. 사가(佐賀)대학 이공학부장인 우에하라 하루오(上原春男) 교수는 '창조력'에 '인내력'을 곱한 것이 '성장력'이 된다고 말했는데, 나도 전적으로 동감한다. 인내란 단순히 참고 견디는 것이 아니라 뜻을 잃지 않고 지속하는 것이다.

또 새로운 가치를 창조하기 위해서는 확고한 '신념'도 필요하다. 이 경우 리더의 존재가 전제된다는 것은 말할 필요도 없다. 불가사의한 일이지만, 지금까지 그러한 시대에는 '반드시'라고 해도 좋을 정도로 기골이 있는 지도자가 등장했다. 깅그리치 하원 의장이 지적한 인텔의 글로브 회장도 마이크로소프트의 빌 게이츠 회장도 그렇지만 일본에도 소니의 창업자로 알려진 이부카 마사루(井深大)를 비롯해 진정한 리더라고 부를 수 있는 위대한 경영자가 소수지만 존재하고 있었던 것이다.

그러나 일본 중소기업의 경영자는 지금 은행의 대출억제나 대출금 회수로 자금변통이 어려운 형편인 데다가 칭칭 얽힌 부조리한 규제로 새로운 비즈니스 기회의 싹을 모조리 뽑히고 만 상태이다. 또 벤처에서 성공의 싹이 나와도 금융기관의 지원을 얻지 못하여 도약할 기회를 잃는 예도 적지 않다. 기업가들의 꿈에 기대를 거는 투자가는 일본에도 적지 않지만, 빌 게이츠의 뒤를 이은 햇병아리 경영자들이 직접 금융이나 시장에서 자금을 모을 수 있을 정도로 개방되어 있지는 않다.

물론 규제에 의해 보호되어 온 업종도 적지는 않다. 그러나 막무가내로 밀어 닥치는 글로벌화의 물결 앞에서 규제는 무력할 뿐만 아니라 오히려 새로운 성장을 저해하는 결점으로 나타나고 있다.

지금까지의 시대는 이미 있는 것을 살리는 '궁리'가 중요시 되었으며, 동시에 이것이 나라도 기업도 번영시키기 위한 가치관이었다. 경영 현장에서도 교육 현장에서도 개성이나 창조성은 부정되어 왔다. 그러나 앞으로는 개성이나 창조력을 지닌 인간이 주역이 되는 시대다.

## 의식개혁과 인재육성

새로운 발전을 위한 필요조건이 규제의 철폐를 비롯한 제도개혁에 있다면, 그 충분조건은 의식개혁에 있다. 그러나 의식개혁은 말처럼 쉬운 것이 아니다. 미국은 불황 탈출을 위해 스스로 그 결점을 밝혀내 강한 미국을 재생·창조하는 데 성공했다. 그 그늘에는 경영자들이 과거의 잘못을 청산함과 동시에 스스로의 의식개혁을 도모한 프로세스가 있었다.

지금의 일본이 이 구조불황을 극복하여 새로운 경제력을 획득하기 위해서는 도대체 어떠한 의식개혁을 하여야 할까? 이 점에 대해 나는 현재 일본에는 적어도 다음의 세 가지 기개(氣概)가 필요하다고 생각한다.

★ 다른 것에 의존하려 하지 말 것

★ 어디까지나 주역은 '민(民)'이며, '관(官)'은 조역에 지나지 않는다는 사실을 명심할 것

★ 자기주장을 할 수 있는 개성적인 인간일 것

이 기개는 리더를 위한 마음가짐이라고 해도 좋지만 실행에는 큰 각오와 용기가 필요하다. 특히, 다른 것에 의존하려는 생각에서 벗어나는 것은 대단히 중요하며 앞으로는 1960, 1970년대 볼 수 있었던 '호경기'라는 신풍(神風)은 절대로 볼 수가 없다는 사실을 경영자들은 마음속 깊이 새길 필요가 있다.

예전에 나는 미국의 어느 호텔경영자에게 '실패를 속이는 것은 문제의 해결로 이어지기는커녕 문제를 확대시키고 만다'는 이야기를 들은 적이 있다. 즉 실패를 두려워하지 않고 거기에서 무엇인가를 배우면서 계속 새로운 도전을 해 가는 것이 아메리칸 웨이이고, 미국은 그러한 아메리칸 웨이에 지탱되고 있는 위대한 실험국이라는 사실이다. 이 호텔 경영자의 지적은 실행하는 용기와 실패, 그리고 성공을 둘러싼 관계의 본질을 훌륭하게 포착하고 있어 일본인도 배울 점이 많다고 생각한다.

리더를 리더답게 하는 유력한 조건의 하나는 이 도전 정신과 그 결과로서의 리스크를 깨끗하게 받아들이는 각오에 있기 때문이다. 지금의 일본인에게 가장 결여된 것도 이 점이다. 이러한 자질은 학력과는 전혀 무관하며 일본에서는 지금까지 이러한 능력을 개발하는 교육은 중시되지 않았다. 편차치(偏差直) 교육이 우선되어 개성을 펼치는 교육이나 도전 정신의 육성에는 그다지 관심이 없었던 것이다. 앞으로는 개성이나 도전 정신을 살리는 교육이 행해지길 진심으로 바라는 바이다.

# 리더의 역할은 새로운 가치관의 창조

## 리더 부재의 경제 대국

**히타카:** 예전에 키신저에게 이런 말을 들은 적이 있습니다. "일본이라는 나라에 대해 단 한 가지 알게 된 것이 있습니다. 그것은 일본에는 대화의 상대, 말하자면 리더가 없다는 점이다. 일본은 컨센서스(同意形成)의 나라다" 그 말이 제겐 꽤 인상적이었어요.

**오타케:** 확실히 일본은 컨센서스 사회니까요. 리더의 조건을 대화의 능력과 결부시킨 점이 재미있군요.

**히타카:** 이것은 해외에서는 상당히 대중적인 견해이지요. 독일의 슈미트 전 수상도 "리더에게는 우선 자신의 생각을 많은 사람들에게 이야기하고 더불어 결단을 내리는 능력이 요구된다"고 말하고 있습니다. 자기의 '결단'을 텔레비전 등의 매스미디어를 이용하여 대중을 '설득'하는 것은 구미의 정치가라면 누구나 하고 있는 일이지요.

**오타케:** 일본은 상품 만들기에서는 세계 최고의 경제대국입니다. 그래도

일본의 메이커가 글로벌 컴퍼니가 될 수 없는 것처럼, 나라 자체도 제구실을 할 수 있는 어른으로서 인정받지 못하고 있어요. 이 정도의 경제력이 있으면서도 상임이사국이 될 수 없으니까요. 역시 리더 부재라는 사실이 커다란 애로가 되는 것이겠죠.

**히타카:** 그렇죠. '일장기 클럽'이라고 할까요? 동료들 사이에서 인정받으면 그것으로 족하다는 말이죠. 해외의 일 따위는 플러스 알파로밖에 생각하지 않으니까요. 경제대국이라 해도 해외에서 보면 '생각없는 확대', '의식없는 확대'로밖에 비쳐지지 않습니다.

**오타케:** 전적으로 동감입니다. 지금 말씀하신 '생각없는 확대', '의식없는 확대'를 예로 들자면, 다른 회사가 모두 해외 진출하니까 우리도 하자면서 해외로 진출해서 문제를 일으키고 철퇴했다는 예는 그 전형이 아닐까요?

**히타카:** 일본에는 묘한 내셔널리즘이 있어서 세계에서 통용되는 월드 와이드한 사고방식이나 프로세스라는 것이 거의 존재하지 않습니다. 이념없는 월드 와이드라 해야 할까, 뭐라고 할까, 형태만 확대된 경제입니다.

**오타케:** 국가로서의 명확한 이념이나 철학을 가지는 것이 우선 필요하겠죠. 그저 가지기만 하면 된다는 말은 아닙니다만….

**히타카:** 그러한 이념이나 결단을 상대에게 전하여 설득시키는 능력을 몸에 익히지 않으면 안 됩니다. 세계의 시장경제가 과잉생산 시대를 맞이하고 있는 지금, 일본인의 특기가 상품 만들기라는 것은 우선 설득력이 없으니까요.

오타케: 새로운 질서라고 할까, 가치관이라고 할까, 그러한 시점을 갖지 않으면 앞으로는 세계가 상대해 주지 않겠지요.

## 일본의 진정한 지도자?

**히타카:** 20세기라는 시대를 한마디로 말하면, 여러 가지 '불만'을 가진 리더에 의해 전쟁이 일어난 시대라고 할 수 있습니다. 스탈린도 그랬고 히틀러도 그랬었죠. 이에 비해 21세기는 가치관이 세계를 리드하는 시대가 되리라 생각합니다. 당연히 일본인의 특기인 상품만들기 따위는 점차 뒤처지게 되죠.

**오타케:** 비즈니스 면에서 현재 미국과 일본의 가장 큰 차이는 소비자에게 중심을 두고 있는지의 여부라고 생각합니다. 물론 미국은 그렇지만 일본은 그렇지 않습니다.

**히타카:** 소비자라는 존재는 '국부론'을 쓴 아담 스미스 류로 말하자면 소위 '보이지 않는 손', 즉 '신(神)'이라는 것이 됩니다. 그런데 일본의 경우는 그것이 완전히 역전되고 말았어요.

소비자에게 받은 세금은 재무부가 모으고 상공부를 통해 재분배되지요. 재분배의 권한을 쥐고 있는 것은 '정부'이며, 그 정부가 업계에 '낙하산 명령'을 해 주는 구조로 되어 있습니다. 그러니까 보이지 않는 손, 신이라는 것은 '정부'가 됩니다. 이 '낙하산 명령'이란 표현은 아주 적절하군요.

**오타케:** 조금 전에 21세기는 가치관이 세계를 리드하는 시대라고 말씀하셨는데 이것과 지도자, 즉 리더와의 관계는 어떻게 생각하면 좋을까요?

**히타카:** 그러한 시대의 지도자가 낙하산 명령을 하는 '정부'였다고 한다면 최악이지요. 그렇게 되면 어느 나라처럼 '상품을 만들어 세계에 공헌하자'는 파탄된 논리가 튀어 나오게 됩니다. 앞으로의 지도자, 즉 리더란 보이지 않는 손에서 '이념'을 끌어내, 그것을 스스로 '체현'하면서 사람들에게 '설득'할 능력이 없으면 꾸려 나갈 수 없습니다.

**오타케:** 현재 일본에 그런 지도자가 있습니까?

**히타카:** 옛날에도 지금도 없습니다. 현재의 일본이라는 나라 형태가 갖춰진 것은 메이지유신이라는 것이 정설화 되었지만, 그것은 조금 다르지 않을까요? 역시 2차대전 후 당시의 요시다 시게루(吉田茂) 수상 등이 헌법 9조의 도입과 교환으로 메이지헌법의 이념을 끝까지 남기려고 한 점이 크게 영향을 끼치고 있습니다.

## 일본 경제와 타이타닉호

**오타케:** 메이지유신은 문제의 보류, 현실도피였다는 시각도 있지요.

**히타카:** '많은 사람을 속일 수 없다'는 링컨의 말이 있습니다만 바로 이것입니다. 영국의 블레어 수상을 보고 있어도 역사의 전환점에서 대 결단을 하는 문화의 차이를 느낍니다.

**오타케:** 현실을 직시하여 향후 100년을 어떻게 만들까 하는 비전이 결여되어 있기 때문이지요. 그러나 현재 일본이 직면하고 있는 '변화'는 어느 의미에서는 오명을 만회하기 위한 둘도 없는 기회라고 생각합니다.

**히타카:** 그렇습니다. 그러나 정말로 위기를 실감하고 있는 일본인이 어느 정도 있는지 상당히 의심스럽습니다.

**오타케:** 솔직히 표현하면 하찮게 보고 있다고나 할까요.

**히타카:** 그렇습니다. 일본 경제는 절대로 침체되지 않는다, 리더가 없어도 괜찮다, 이렇게 생각하고 있는 일본인이 의외로 많다고 생각합니다. 그러나 타이타닉호도 침몰했다. 지금의 일본은 선장 없이 위험한 빙산 속을 항해하고 있는 것과 같습니다.

**오타케:** 그 빙산을 구체적으로 지적하면 어떻습니까?

**히타카:** 하나는, 미국의 지도자조차 지오 폴리틱스(지정학) 능력이 서서히 쇠퇴하고 있다는 점입니다. 이것은 일본도 예전만큼 안전하지 않다는 것을 의미하고 있습니다. 중국은 아메바와 같은 강인함을 가지고 있으며 미국의 북한 정책은 아마 정관시(靜觀視)하겠지요. 조금 거리는 있습니다만 이라크에 대한 정책도 쿠르드인을 이용하여 후세인 정권을 타도하려고 한 움직임이 있습니다. 역사에 대한 책임 감각이라는 것이 미국에서도 서서히 희박해지고 있다는 사실입니다.

**오타케:** 경제적으로는 어떻습니까?

**히타카:** 역시 거대한 경제를 지탱할 수 있는 이념이 빈약하다는 점은 부정할 수 없습니다. 석유 값이 싼 시대는 이제 종말을 고할 것인데, 그렇

다고 OPEC와 논쟁할 수 있는 지도자가 일본에 있습니까? 위기의 크기에 비해 일본인의 위기 인식은 너무나도 낮습니다.

## 외국의 정치가, 일본의 정치가

**오타케:** 세계의 지도자는 어떻습니까?

**히타카:** 일본과는 비교가 안됩니다. 독일의 콜 전 수상은 관료에게 너무 의지하는 면은 있었습니다만, 히틀러의 속죄를 위해 EU의 통일과 통화통합을 추진했으니까요.

**오타케:** 클린턴 대통령은 어떻습니까?

**히타카:** 클린턴은 세제(稅制)는 공화당 노선, 외교는 키신저 류라고 야유를 받고 있지만 텔레비전을 비롯한 미디어를 통해 국민을 납득시키는 수완은 대단합니다. 겨우 3년만에 재정 적자도 해소시켰으니까요. 내친 김에 말하자면 카터는 능력이 명백히 결여되어 있었습니다. 레이건은 스탭의 목을 절대로 자르지 않았던 사람으로 인간적인 리더십에 넘친, 용기도 설득력도 있는 지도자였다고 할 수 있지요.

**오타케:** 일본의 정치가와 외국의 정치가를 비교하면 아무리 해도 격차를 느낍니다만, 그 차이는 어디서부터 오는 것일까요?

**히타카:** 여러 가지가 있다고 생각합니다만 미국과 비교해 보면 일본의 경우는 현의회에서 중의원, 장관이라는 형태로 정치밖에 경험하지 않은 사람이 많습니다. 미국의 경우는 농업의 카터, 석유업의 부시, 교사의

존슨, 변호사의 먼델, 역사학 교수의 깅그리치, 교육학 교수의 아미, 장의사의 필더와 같이 다른 일에서 일단 성공을 거둔 경험을 가진 리더가 많고 2세도 많지 않습니다.

**오타케:** 그 외에도 다른 점이 있습니까?

**히타카:** 글쎄요. 예를 들면 하버드 대학의 케네디 스쿨처럼 정치가를 위한 노하우를 가르치는 교육기관이 있습니다. 이권도 그다지 없고 정치가 가 돈이 된다는 의미는 원래부터 없습니다. 독일의 경우는 당파성이 강하기 때문에 당에 충성을 다한 사람, 예를 들면 콜, 슈미트, 슈레더 같은 사람들이 정치가로 되는 것 같습니다.

**오타케:** 이야기를 통해 일본에는 진정한 리더라고 부를 수 있는 정치가가 없다는 사실을 다시 알 수 있었습니다. 그러나 21세기를 눈앞에 두고 온갖 일본적 시스템이 파탄을 일으키려고 하고 있을 때 이와 같은 리더십의 부재는 심각하군요.

**히타카:** 상당히 심각한 위기지요.

### 히타카 요시키(日高義樹) 프로필

1935년 나고야 시 출생. 도쿄대학 문학부 영문과 졸업. 1959년 NHK 입사. 1970년 워싱턴 특파원을 시작으로 뉴욕 지국장, 워싱턴 지국장을 역임. NHK엔터프라이즈 · 아메리카 대표를 거쳐 미국총국장 심의위원(이사대우)을 마지막으로 1993년 퇴직. 그 후 하버드대학 타우브먼 센터 자문위원, 허드슨연구소 주석연구원으로서 미일관계의 장래에 관한 조사, 연구 책임자를 담당. 全美상공회의소 고문. 저서는 「일본은 아직도 독립하지 못하고」(集英社), 「백인의 광기와 일본」(光文社), 「미일정치파괴」(集英社), 「일본대폭락」(學硏) 등 다수.

# 02

# 리더십의 탄생

## –리더의 조건과 리더의 육성

리더가 되어야 할 사람은 천부적으로 특별한 자질이 있다든가, 다른 사람과는 다른 체험이 필요하다는 사고방식은 버리기 바란다. 잠시 사고를 전환해 시야를 넓히면, 지금 자신이 소속된 조직이 어떠한 문제를 안고 있는지 깨닫게 될 것이다. 그것을 알 수 있는 사람이라면 누구나 리더가 될 가능성이 있다.

이 장에서는 리더가 어떠한 사고를 하면 좋은지, 무엇을 소중히 해야 하는지, 어떻게 하면 자신을 성장시킬 수 있는지에 대해 생각해 본다.

# 01 신시대의 리더와 그 조건

## 리더 부재의 악순환

패전에서 반세기 남짓, 일본은 잿더미에서 일어나 현재의 경제적인 번영을 손에 쥐기에 이르렀다. 그러나 그 과정에서 생긴 나쁜 여파가 거대한 벽이 되어 앞을 가로막아 일본은 예전에 없던 패배감에 젖어 있다. 정치가나 관료에 대한 불신, 미래의 경제 불안, 교육 현장의 황폐 등 경제적 번영을 얻기 위해 지불한 대가를 지금에서야 실감하고 있는 것이다.

이같은 상황은 일본에만 한정되는 것이 아니다. 최근 인도네시아나 타이 등의 혼란을 비롯해, '일본을 앞지르자'를 모토로 눈부신 경제 성장을 이룬 아시아 국가들 또한 불황에 빠져 있다.

일본이 빠져 있는 패배감은 개인적인 수준의 노력만으로 뛰어넘을 수 있는 것이 아니다. 확고한 신념을 지닌 리더와 그를 지원하는 많은 사람들이 있어야 이를 타파할 수 있다.

그러나 안타깝게도 일본에는 '리더 부재'의 상황이 계속되고 있다. 리더는 재생산된다는 것이 나의 지론이다. 뛰어난 리더는 자기가 그 자리를 떠날 때, 반드시 바톤터치할 수 있는 다음의 리더를 키운다. 새로운 리더 역시 마찬가지로 그 다음의 리더에게 뒤를 의탁한다. 이렇게 해서 리더는 끊이지 않고 등장한다. 이것을 '무한한 리더(limitless leadership)'라 한다.

그런데 리더의 자질이 없는 사람이 조직의 톱이 되면, 사람을 키우기는커녕 유능한 인재가 자신의 지위를 위협할 수 있다는 이유로 멀리하고 자기를 추종하는 예스맨이 다음의 톱이 되게 한다. 그 후계자도 같은 일을 반복해 악순환은 계속 된다. 이래서는 리더가 나타날 리가 없다.

'격동의 시대'의 리더, 특히 기업의 리더에게 요구되는 것은 지금까지의 상식을 뛰어넘어 새로운 가치관의 창조를 목표로 하는 '의식개혁'이다. 기득권의 상식·습관은 물론이고 사내의 인사에서 조직이나 경영 방침에 이르기까지 모든 부문에서 의식개혁이 필요하다. 즉, 격동의 시대에 성공의 열쇠는 '돈'이라는 자본에 있는 것이 아니라 의식개혁에 의해 변혁을 일으킬 주체인 '사람'이 쥐고 있는 것이다.

## '당연한 일'을 기본으로 한다

나와 오랫동안 교류하고 있는 미국인 선교사의 권유로 읽은 미국 서비스 마스터사의 회장인 윌리엄 폴러드가 쓴 『기업의 혼』에는 이 회사의 '리더십의 21 기본방침'이 있다(〈도표 1〉 참조).

이 회사는 병원이나 학교, 주택 등의 하우스 클리닝 사업을 중심으로 헬스케어, 교육, 음식서비스 사업 등 다양한 서비스를 제공하는 기업이다. 1947년에 종업원 6명으로 설립한 이래 경이적인 성장을 이루어 현재 종업원 20만 명, 고객은 30개국 이상으로 650만 명을 넘고 있다. 또 이 회사는 일본의 다스킨과 업무 제휴를 하고 있다.

서비스 마스터사의 성장 비밀은 기업의 존재 이유를 사원이 만들어내는 서비스나 이익만에 두는 것이 아니라 그 과정에서 사원이 어떠한 인간이 되고 싶은가에 가치를 두고 있다.

〈도표 1〉의 '리더십의 21 기본방침'의 내용은 리더가 된 경영자라면 잠시라도 잊어서는 안 되는 마음가짐이라고 할 수 있다. 그렇다면 이렇게 당연한 것을 실행하지 않거나 할 수 없었다는 점이 일본이 가진 근본적 문제는 아닐까?

예를 들면 폴러드는 '고객이 제일이며 고객은 우리의 벗이다'라고 말한다. 그는 마음으로부터 그것을 믿고 있다. 그러나 얼마만큼의 비즈니스맨이 회사나 자기의 이익보다 고객의 이익을 우선시 해 왔는가? 긴 안목으로 보아 고객의 이익을 우선하는 기업과 회사의 이익을 우선하는 기업, 어느 쪽이 소비자의 지지를 받을지는 명백하다. '의식개혁'이란 그렇게 당연한 일을 깨닫는 것이다.

우리는 자칫하면 비즈니스 세계에서 오랫동안 길러온 습관이나 상식에 얽매여 인간으로서 '당연한 일'을 잊는 경우가 있다. 그러나 비즈니스맨도 고객도 인간이다.

리더는 이 '당연한 일'을 기본으로 단행해야 한다. 이 당연한 행동이 지금의 일본을, 그리고 기업을 구하고 재생시키는 최선의 방법이라는 점을 꼭 재확인하기 바란다. 경영자에게는 회사를 영원히 성장시킬 사명이 있다. 그런 의미에서 '리미트리스 리더십', 즉 무한한 리더십을 탄생시켜 가는 것은 경영자에게 부과된 최대의 책무라 해도 좋다. 격동의 시대에 승리를 쥘 수 있는 것은 '리미트리스 리더십'을 계속 창출하는 기업이며, 그 판단의 모든 것은 톱에게 달려 있다.

## 리더에게 필요한 '개인의 확립'

독자들은 1992년 1월 8일의 사건을 기억하고 있을까? 미일수뇌회담에서 일본을 방문한 조지 부시 미국 대통령이 미야자와 기이치(宮澤喜一) 수상 주최의 만찬회에서 쓰러진 날의 일이다. 당시 미국과 일본의 경기는 좋지 않았지만 미국 대통령은 경제계의 톱들을 데리고 경영 흑자로 윤택한 일본에 와서 소위 '부탁 여행', '판매촉진과 모금 여행'을 시켰다. 쓰러진 대통령은 '앓고 있는 미국'의 상징처럼 보였다.

**도표 1 : 서비스 마스터사의 리더십 21 기본방침(『기업의 혼』 C · 윌리엄 · 폴러드著에서)**

① 우리는 적극적으로 기회를 추구하는 자이며, 소극적으로 권리를 얻으려는 자가 아니다. 우리는 창조하고, 그것을 우리 것으로 만든다. 가만히 앉아서 이어 받으려고 하지 않는다.
② 우리는 가치관 실현을 위해 노력하고, 업적에 의해 앞으로의 방향을 정한다.
③ 우리는 자기가 한 일에 대해 책임을 진다. 자기 자신의 업적을 위해 과감하게 돈을 쓴다.
④ 우리는 단거리에도 마라톤에도 연마되어 한결같이 달린다. 우리는 때로는 쉬고 즐거운 시간을 보내며, 끊임없이 무엇인가를 배우고 있다.
⑤ 우리는 후계자를 위해 계획을 세우고 후계자를 육성한다.
⑥ 우리가 하는 말의 진위는 우리들의 행동으로 증명된다. 만약 신념에 바탕을 두고 실행하지 않는다면 그 신념은 믿지 않는다.
⑦ 우수한 서비스 제공에 대해 정열을 갖고 고객에게 봉사할 수 없다면 리더로서 남을 선도할 수 없다.
⑧ 우리는 고객에게 제공하는 상품을 신뢰하고 있다.
⑨ 독특한 서비스를 제공할 때마다 른 곳에서는 흉내도 내지 못할 정도의 부가가치를 고객에게 준다.
⑩ 친구같은 경쟁 회사는 존재하지 않는다.
⑪ 우리는 간결하며 질서있는 조직을 신뢰한다. 필요하지 않은 종업원을 고용할 정도라면 그랜드 피아노를 구입한다.
⑫ 우리는 신념, 종신 재직권, 성별, 인종, 또는 우정 관계가 아닌 업적을 기준으로 급여를 지불하고 가능성을 기준으로 승진시킨다.
⑬ 이익을 냈을 경우는 그 이익을 낳은 사람과 함께 나누어야 한다. 보다 많이 생산하는 사람은 보다 많이 함께 나누어야 한다.
⑭ 예산을 세워 예산 내에서 수습한다.
⑮ 우리는 사업의 가치관과 이익을 증가시키기 위해서 시장점유율을 알고 확대한다. 우리들이 시장점유율을 무시한다면 우리들의 시장과 사업을 잃을 위험을 범하게 된다.
⑯ 우리들이 잘못했을 때, 혹은 실패했을 때는 그 사실을 인정한다. 진실은 타협할 수 없다. 무엇이 일어났는지, 또 무엇이 일어날 것인지에 대해 생각하고 일을 추진한다면 자신들이 바르게 보일까 따위는 생각하지 않는다.
⑰ 타인을 내세우고 자신은 내세우지 않는다. 목표를 가지고 도전한다.
⑱ 우리는 자치 제도의 폐해 없이 독립정신을 갖는다.
⑲ 고객이 제일이며 고객은 우리들의 벗이다.
⑳ 우리는 희망의 노예다. 우리들을 지속시키는 것은 희망이며, 무엇이 될까 라는 선견지명이야말로 우리들과 우리들이 선도하는 자에게 활기를 준다. 밝은 곳에서 본 것을 어두운 곳에서 의심하지 않는다.
㉑ 우리는 모두 신의 형태로 창조되었으므로 우리가 행한 리더십의 결과는 직장을 초월하여 평가받을 것이며, 이를 통해 사람들의 인생이 개선되었다는 사실은 계속 이야기될 것이다.

그러나 그로부터 5년도 지나지 않아 미국은 착실하게 경기 회복을 이루었고 일본은 반대로 전락의 길을 걷기 시작하여 불황 탈출의 출구조차 찾을 수 없는 상황에 빠지고 말았다. 이 차이는 무엇인가? 구렁텅이 상태에서 회복된 정도의 차이는 도대체 어디에 있는 것일까? 나는 국민 한 사람 한 사람의 '개인의 확립'에 커다란 차이가 있다고 생각한다.

개인의 확립이란 '나는 어떤 사람인가', '나의 꿈은 무엇인가', '나의 사회적 역할은 어디에 있는가'를 발견하는 것이다. 물론, 학교의 시험처럼 정답이 있을 리 없다. 당신이 어떤 사람인가, 아니면 어떤 사람이 되고 싶은가 라는 물음에 대한 답은 스스로 고민하거나 절망하면서 발견하는 수밖에 없다. 사람은 이렇게 해서 인생의 의미를 찾고 인생의 결실을 풍부하게 하기 위해서 노력한다. 자기의 목표를 실현하는 것이다.

자기 인생을 콘트롤할 수 없으면 타인에게 지배당하고 만다. 당신은 자기 인생의 지배자가 되지 않으면 안 된다. 자신의 인생을 개척하기 위해서는 인생을 콘트롤하는 리더십을 발휘할 필요가 있다. '개인을 확립한다'는 것은 이런 의미이다.

그런데 일본에서는 개인의 확립을 생각한 적도 없는 사람이 적지 않다. 그런 사람은 리더십을 요구하는 입장에 있다 해도 자기 의견을 갖지 못하고 주위에 좌우되고 만다.

톱 경영자는 같은 업종의 타사의 동향에 맞추어 옆에 나란히 서기를 마음에 두고 있다. '모난 돌이 정 맞는다'는 교훈을 신봉해 개성을 드러내지 않는 것이 일종의 미덕이라고 생각하고 있는 듯하다.

예를 들면, 다각 경영이 유행하면 그것을 보고 흉내내어 손을 뻗는다. 거품경제 시대 때는 뒤처져서는 안 된다며 잘 알지도 못하는 주식이나 토지 투기에 정신이 없었다. 이처럼 개인을 매몰시키고 흘러가는 상황에 맡기기만 한 경영자들이 일본 경제를 떠받쳐 왔기 때문에 경기가 침체되었을 때 우왕좌왕할 뿐, 적절하게 손을 쓰지 못한 것이다.

그러나 시작은 언제나 작은 것에 있다. 존 F 케네디 대통령이 달 착륙의 꿈을 이야기한 것에서 그 꿈이 실현된 것처럼 세계적 위업의 대부분은 작은 꿈을 이야기하는 것에서 시작된다. 경영에 직접 몸을 담고 있는 이상 리더인 경영자는 끊임없이 자기를 발견하고 꿈을 이야기하는 것을 통해 '개인의 확립'을 향한 동기부여를 환기시켜 갈 책무가 있다.

개인의 확립을 위해서는 우선 자신을 알아야 한다. '자기 발견'이란 자신에 대한 정보를 모으는 것이라고 해도 좋다. 리더는 자기 자신에 대해 생각할 시간을 정기적으로 가지고 아이디어를 기록해 감으로써 내가 누구이고 내가 하고 싶은 일은 무엇인지, 나의 역할은 무엇인지 등을 명확히 할 수 있다. 그것이 개인의 확립에 불가결한 신념이나 철학으로 승화해 가는 것이다.

리더란 항상 선택과 결단을 강요받는 존재이다. 그것을 위해서도 개인의 확립은 없어서는 안 될 조건이다. 올바른 선택과 결단을 내리는 데에는 무엇이 진실인가, 무엇이 올바른가를 판별하는 것이 중요하다.

## 낙관주의자와 비관주의자

어떠한 어려움에 직면하더라도 결코 비관적이지 않고 적극적으로 행동하는 사람들이 있다. 그러한 사람들에게 공통되는 특징은 어쨌든 낙관주의자(옵티미스트)라는 점이다. 경박한 사람이라는 의미가 아니라 모든 사태를 긍정적으로 받아들여 전향적으로 행동할 수 있는 플러스적 사고를 가진 사람을 말한다.

나는 리더의 빼놓을 수 없는 조건의 하나가 바로 이 낙관주의라고 생각한다. 마이너스적 사고의 리더가 있으면 조직은 순식간에 비관주의자의 소굴이 되고 만다. 이래서는 지금과 같은 변화의 시대를 이겨낼 수 없다. 독자 중에는 'EQ'라는 말을 들어 본 사람이 있을 것이다. 이것은 '감성지수'를 의미하며, 'IQ(지능지수)'와 관련시켜 '마음의 지능지수'라고도 불린다.

미국 펜실바니아 대학 교수로 『낙관주의자는 왜 성공하는가』(講談社)라는 저서로 알려진 마틴 세리그먼 박사는 나와 친분이 있는 사람이다. 그는 프로이트 이래의 혁명적인 심리학자라고 할 정도로 평가받고 있는데, 이 EQ의 중요한 요소인 낙관도를 과학적으로 측정하는 SASQ라는 테스트를 개발했다. SASQ는 어떤 일이 일어났을 때, 그 원인을 자기 자신이 어떻게 설명하는지 그 설명스타일에 의해 낙관도를 측정하는 것이다〈도표 2〉.

**도표 2 : 세리그먼의 설명스타일**

시간적 한정(限定): 일시적, 영속적 이유

| | |
|---|---|
| ● 영속적 비관주의자<br>이제 나는 다시는 일어설 수 없어 | ● 일시적 낙관주의자<br>나는 지금 심한 슬럼프에 빠져 있어. |
| 일시적 비관주의자<br>나는 오늘 운이 좋아 | 영속적 낙관주의자<br>나는 언제나 운이 좋아 |

범위의 한정(限定): 특정한, 전반적 이유

| | |
|---|---|
| ● 보편적 비관주의자<br>선생님들은 모두 불공평하다 | ● 일시적 낙관주의자<br>A 선생님은 불공평하다 |
| ● 일시적 비관주의자<br>나는 프랑스에 대해 알고 있다 | ● 보편적 낙관주의자<br>나는 외국에 대해 알고 있다 |

내향 · 외향

| | |
|---|---|
| ● 내향적 비관주의자<br>나는 또 야단맞았다 | ● 외향적 낙관주의자<br>성질 급한 사람이 또 야단치고 있군 |

희망

| | |
|---|---|
| ● 희망이 없다: 비관주의자<br>컵 안에 물이 이것밖에 안 남았다 | ● 희망이 있다: 낙관주의자<br>컵 안에 물이 아직도 이만큼이나 있다 |

예를 들어 '역경을 딛고 다시 일어설 수 없다'는 상황을 자기 자신에게 말할 때, '나는 이제 다시는 일어설 수 없어'라고 생각하는 경우와 '나는 지금 심한 슬럼프에 빠져 있어'라고 생각하는 경우의 낙관도는 크게 다르다. 전자가 영속적인 비관주의자(페시미스트)인 것에 비해 후자는 일시적인 슬럼프에 빠져 있는 것에 지나지 않는다는 낙

관주의자(옵티미스트)라고 할 수 있다.

세리그먼 박사에 의하면 낙관도가 낮은 사람은 언제나 '나는 이제 무엇을 해도 잘 안 돼. 그것은 내가 나쁘기 때문이야'라고 계속 생각하는 특징이 있다고 한다. 이것에 비해 낙관도가 높은 사람은 정반대의 반응을 보인다. 패배는 어디까지나 일시적인 것이고 이번 케이스가 나빴다고 받아들이고 지나가는 특징이 있다는 것이다.

기업이나 조직에 이것을 적용시켜 보면 EQ가 낮은 사람은 목표에 대해 비판적이다. 이러한 사람이 리더로 있으면 사원들도 능력을 발휘할 수 없게 된다. 그러므로 EQ가 낮은 경영자가 있는 기업에는 EQ가 낮은 사원만 모이는 악순환에 빠진다.

그러나 EQ는 노력 여하에 따라 높일 수 있다는 것이 세리그먼 박사의 견해이다. 자신의 설명스타일을 바꾸는 기술을 습득함으로써 비관주의자는 낙관주의자로 변신할 수 있는 것이다.

미국 메트로폴리탄 생명의 예를 소개해 보자. 이 회사는 1950년대까지는 2만 명의 영업사원을 고용하고 있는 보험업계 최대 기업이었지만, 1980년대 후반 푸르덴셜 생명에 그 자리를 넘기고 영업사원 수도 8,000명으로 줄어들었다. 그래서 이 회사에서는 경영의 재수립을 도모하고자 영업사원의 신규채용에 SASQ테스트를 도입했다. 1년 후 104명의 신규채용 사원 중 반수 이상인 59명이 회사를 그만두었다. 그러나 SASQ테스트에서 하위에 있던 반수의 사원(낙관도가 낮은 비관적인 사람)이 그만두는 확률이 상위에 있던 반수의 사원(낙관적인 사람)보다 2배 이상 높다는 것이 판명되었다. 계약 획득율을 보아도 상위의 반수는 하위의 반수보다 20퍼센트나 많고, 또 상위의 4분의 1은 하위의 4분의 1보다 50퍼센트나 많았다.

리더는 창의력을 발휘해야 할 때나 끈기있게 참아야 할 때는 스스로 낙관주의자가 될 필요가 있다. 물론 모든 상황에서 낙관적이기만 하면 된다는 말은 아니다. 비관적인 관점에서 실패가 일어날 확률이나 실패의 영향의 정도를 판단하는 것도 중요하다. 소위 비관적인 관점을 합리적으로 사용한 낙관주의다.

리더는 낙관주의와 비관주의의 능력을 잘 나누어 사용하여 변화의 시대를 강인하게 이겨내야 할 필요가 있다.

## 우선도 중심의 4가지 분류

대부분의 기업에서는 지금 구조조정이라는 이름으로 인원을 삭감하고 있다. 그러나 나는 인원 정리를 하기 전에 해야 할 일이 있다고 생각한다. 그것은 상품의 구조조정이나 시간의 구조조정이다. 다품종 소량생산으로 너무 많아진 상품의 종류를 재검토하여 생산라인을 구조조정하는 것만으로도 비용을 삭감할 수 있다.

시간의 구조조정을 보자면 쓸모없는 회의, 의미 없는 전화나 접대, 형식화된 사업처리는 없는지 등 리더는 전체를 한번 찬찬히 둘러볼 필요가 있다. 얼마나 쓸모없는 일에 시간을 허비하고 있는지가 보일 것이다. 이런 점들을 개선하지 않는다면 인원 정리를 하더라도 생산성을 향상시킬 수 없다.

〈도표 3〉은 일의 우선도를 알기 위한 매트릭스다.

도표 3 : 일의 우선도

1-(1) 당신의 일은 긴급도와 중요도에 따라 다음의 네 가지로 분류할 수 있습니다. 당신이 담당하고 있는 업무가 각각 어디에 적용되는지 생각하여 기입해 주십시오.

| | | 중 요 도 | |
|---|---|---|---|
| | | 긴급함 | 긴급하지 않음 |
| 중요도 | 중요 | I (예: 문제 해결) | II (예: 장기계획의 입안) |
| | 중요하지 않음 | III (예: 무의미한 회의) | IV (예: 일을 연장시키는 행위) |

1-(2) 당신의 노동 시간은 각자의 분야에서 어떻게 배분되어 있습니까?

| | 현재 상태 | 바람직한 배분 |
|---|---|---|
| 제 1 분야 | (　　　) % | 20~25% |
| 제 2 분야 | (　　　) % | 60%~70% |
| 제 3 분야 | (　　　) % | 15% |
| 제 4 분야 | (　　　) % | 1% 미만 |

일은 '긴급도'와 '중요도'에 의해 네 가지 분야로 분류되어 있다. 예를 들면 '중요해서 서둘러야 할 것(제1분야)'에는 소중한 고객과의 트러블 대처, 기한이 임박한 계획의 입안 등이 해당되고 '중요하지만 급하지 않은 것(제2분야)'에는 장기 계획의 입안과 노하우의 구축, 후계자 육성 등이 있다. '급하지만 중요하지 않은 것(제3분야)'에

는 보고만을 하는 회의나 전화 응답 또는 중요한 용건도 없이 방문한 사람의 접객 등이고, '서두를 필요도 없고 중요하지도 않은 것(제4분야)'에는 우편물이나 잡지를 의미 없이 보거나 차를 끓이는 일, 담배를 사러 가는 일, 잡담, 지각, 일을 연장시키는 행동, 바쁘게 보이기 위한 일 등이 해당된다.

자신의 하루 행동을 기록하여 다음의 예에 따라 매트릭스 상에 분류함으로써 각각의 분야의 시간 배분이 어떻게 되어 있는지를 알아야 한다.

"긴급도와 중요도는 흔히 반비례 관계"라고 아이젠하워 대통령이 말했다. 중요한 일은 공헌도는 높지만 그만큼 시간이 걸린다. 반대로 긴급한 일은 중요하지 않은 경우가 많다. 그것 때문에 모르는 사이에 중요한 일이 뒷전으로 미뤄져 그것을 알아챘을 때는 정말로 중요한 일은 등한시 되고 있었다는 의미이다.

리더는 부하에게 권한을 부여해도 책임은 스스로 진다는 각오가 있어야 한다. 그러한 리더의 자세를 보고 부하는 자극을 받아 실력 이상의 힘을 발휘한다. 그것을 위해서는 먼저 리더 자신이 무엇을 해야 하는지 무엇을 부하에게 맡겨야 하는지 명확하게 구분할 필요가 있다.

02

# 시련과 변화가 인재를 육성한다

## '나라 만들기'는 '사람 만들기'

우리는 지금 어려운 상황에 직면해 있다. 불황에서 탈출할 수 없을 뿐 아니라 지금까지의 경제시스템이 무너지고 있기 때문이다. 그러나 시대의 전환기에는 이와 같은 위기에 자주 휩쓸리는 법이다. 사고를 전환해서 생각해 보면 이것은 다음 시대를 창출하기 위한 진통이지 않을까? 이런 말이 있다.

언제나 "우리는 더 좋은 일을 할 수 없는가"라는 의문을 반복해서는 안 된다. 과거 조용한 시대의 도그마(定說)는 거친 폭풍이 부는 지금 전혀 통용되지 않는 법이다. 기회를 손에 쥐었다 해도 어려움은 언제나 존재한다. 그러나 기회가 오면 어떠한 상황에서도 행동을 시작해야 한다. 우리가 직면한 상황은 새로운 것이므로 우리는 새로운 방법으로 생각하고 새로운 방법으로 행동해야 한다.

이것은 미합중국 대통령이었던 아브라함 링컨이 1862년 12월 1일 의회에서 발표한 연두 메시지의 일절이다. 1862년으로 말하자면, 지금으로부터 1세기도 더 된 일이지만 그 말의 울림은 지금도 그 청신한 빛을 뿜어내고 있다. 정치, 경제를 비롯해 모든 분야에서 근본적인 시스템 전환을 강요당하고 있는 현재 일본 사회에 시사하는 바가 많은 말이다.

2차대전 후 처음이라고도 할 수 있는 일본의 어려움은 지금까지의 시스템을 청산하고 새로운 시대를 개척해 가기를 우리에게 강요하고 있는 것이 아닐까?

과거를 돌아보면 2차대전 후 일시적으로 미국에 의한 일본점령정책이 있었다. 정치, 경제, 지방자치, 의료, 복지, 교육학 등 모든 영역에 아메리칸 매뉴얼이 도입되었다. 소위 '맥아더 메모랜덤(비망록)'이라고 부르는 교과서를 바탕으로 일본은 폐허에서 나라 만들기를 행했던 것이다. 이 시기 선인들은 글자 그대로 '필사적'으로 나라 만들기·사람 만들기에 주력하여 세계에서 손꼽히는 경제대국이 되었다.

세월이 흘러 그 교과서는 더 이상 쓸 수 없게 되었지만, 그 사실을 깨닫지 못했다. 아메리칸 매뉴얼을 대신해서 교과서를 만들어야 하는데 그 노력을 게을리 했던 것이다. 교과서에서 배울 것이 없어지고 윤리나 도덕을 잊고 모두 돈벌이를 위해 매달렸다. 나라 만들기도 사람 만들기도 소홀해지고 만 것이다.

교과서가 없는 시대에 전통적 우등생이 미래를 개척하기란 쉽지 않다. 또 숨막히는 수험 전쟁에서 자라온 엘리트는 지시한 일을 재주있게 잘 해내는 능력은 있어도 변화의 시대에 대응하는 것은 어렵다.

새로운 시대에는 신념, 정열, 용기를 갖고 상식을 타파하는 새로운 인재가 필요하다. 전례를 답습하고 싶어하는 우등생에게는 기대할 수 없다. '용기있는 결단을 할 수 있는 빼어난 사람'의 등장을 바라고 있는 것이다.

링컨도 지적했듯이 '변혁의 시대'는 '호기(好機)의 시대'이기도 하다. 이 호기, 즉 기회를 최대한 살려 서바이블 게임을 승리로 이끌기 위해서는 변화의 시대를 기회로 받아들일 수 있는 유연한 감성이 요구되고 있다. '조직은 사람이다'라고 자주 말하지만, '나라 만들기'의 요체도 결국은 '사람 만들기'에 있다.

## 과학기술창조입국을 담당할 인재

나는 3년 전 내각총리대신의 사적자문기관인 '경제심의회'(회장 : 도쿄전력상담역인 히라이와 가이시〈平岩外四〉)에 참석한 적이 있다. 내가 위원으로 임명된 것은 '차세대를 담당할 인재소위원회'(위원장 : 후지제록스 회장인 고바야시 요타로〈小林陽太郎〉)였다. 여기서는 미래의 일본을 담당할 인재 육성이 중요한 테마로 논의되었다.

1995년 11월 당시 무라야마 도미이치(村山富市) 수상에게 제출된 '차세대를 담당할 인재소위원회 보고'에서는 산업면에서의 바람직한 장래상으로 처음으로 '과학기술창조입국'이라는 말이 사용되었다. 이것은 어디까지나 일본 미래상의 한 측면을 시사한 것에 지나지 않지만 이 말이 명문화된 의의는 크다. 격렬한 변화에 대해 느린 대응과 리더 부족에 고민하는 현재 일본의 상황이 집약적으로 나타나 있기 때문이다. 일본을 '과학기술창조입국'으로 세우기 위해서는 그에 걸맞는 연구자나 기술자 육성이 중요하다.

일본의 기초 연구, 그 중에서도 자연과학분야의 기초 연구는 국제적으로 크게 뒤떨어져 있다. 꾸준히 열심히 해 온 기초 연구가 꽃을 피워 실용화 되었을 때 지금까지 없던 새로운 산업이 탄생한다. 그러한 의미에서 기초연구의 후진은 산업의 쇠퇴로 이어질 수 있다. 21세기에도 일본이 기술입국으로 계속 존재하기 위해서는 기초 연구에 중점을 둔 투자가 필요하다. 내가 재단법인 국제과학진흥재단(회장 : 밴컨사장인 나카니시 마사히코〈中西眞彦〉)의 부회장직을 받아들인 것도 과학기술진흥이 급선무라고 통감했기 때문이다.

이 진흥재단은 대학의 연구자 및 국립연구기관의 연구자와 새로운 기술을 산업에 응용하고자 하는 기업을 연결시키는 기술이전 촉진의 역할을 담당하고 있다. 대학의 연구자는 기업과 교류하는 일에 저항감이 적지 않다. 중소기업의 입장에서는 대학의 문턱이 높다.

이렇게 쌍방을 중개하는 일로 연구자에 의한 성과를 산업에 응용하여 연구자는 기업으로부터 기술 사용료를 받을 수 있다. 연구비가 모자라서 의도한 연구를 할 수 없다고 한탄하는 연구자가 많지만, 연구 성과가 산업에 응용될 수 있다면 연구자는 그 혜택을 받을 수 있게 되는 것이다.

미국에서는 이미 일반화되어 연구자가 그 성과를 사용할 라이센스를 기업에 팔기도 하고 스스로 회사를 만들어 이익을 올리고 있다. 이렇게 해서 막대한 부를 축적하는 연구자도 있어서 그 성공 스토리는 연구자의 활기가 되고 있다.

산업혁명 이래 이런 방법으로 새로운 산업이 등장해 경제가 확대되고 사회가 진보되어 왔다. 이러한 연구 성과의 응용은 지금까지 없었던 새로운 산업을 창출하는 것이다. 미래를 향해 전망을 여는 '새로운 과학자'의 육성에 크게 주력하고 싶다.

03

# 리더는 이렇게 해서 육성한다

## 세계의 리더를 육성하는 아스펜 연구소

1997년 여름, 나는 다니엘 P. 에이모스 미국본사 사장 겸 최고경영책임자의 강한 권유로 미국 아스펜 연구소의 세미나에 참석했다. 당사의 사외(社外) 중역 찰스 냅은 이 연구소의 이사장이다. 이 세미나는 세계적인 세미나로 나는 그 높은 수준과 의의에 깊은 감명을 받았다.

아스펜 연구소는 1950년 미국 콜로라도주 아스펜에 설립된 세계 속의 리더를 위한 국제적인 비영리교육기관이다. 창설자는 미국 최대의 종이 용기 회사, 컨테이너 코포레이션 오브 아메리카의 월터 펩키 회장이다. 펩키 회장은 나치의 박해를 피해 미국에 건너온 예술가들을 위하여 시카고 바우하우스를 설립한 것으로도 알려진 인물이다.

아스펜 연구소의 세미나는 비즈니스 관련 리더뿐만 아니라, 이질적이고 다양한 배경을 가진 여러 분야의 중역들이 한자리에 모여 일상의 의사결정에서 해방되어 근원적인 문화의 가치 체계에 대해 사색한다. 그 목적은 리더가 '자기 가치관을 확실하게 가지는 것'으로 리더십을 몸에 익히기 위해 필요한 본질적인 기술을 향상시켜 지적·윤리적 비전을 확대시키는 데에 있다.

돌발적인 사태가 발생했을 때 냉정한 상황분석과 결단을 할 수 있는 것이 리더의 필수 조건이다. 그러나 단기 결전에서 지도력을 잘 발휘했다고 해서 장기적인 위기(리스크)에 대해서도 동일한 리더십을 발휘할 수 있을지는 알 수 없다. 리스크에 대응하여 조직을 변혁해 가기 위해서는 리더 자신에게 확고한 가치관이 없으면 안 된다.

세미나에서는 동서고금의 훌륭한 문헌을 정독하고 사회자의 진행 아래 소수의 인원이 철저하게 논의를 행하여 그 사상이 지닌 현대적 의미를 고찰하는 것에 주안점을 두고 있다. 개방된 논의 아래 참가자가 다른 해석을 공유한다. 또한 서로의 통찰력을 깊게 하는 프로세스를 통해 현대의 리더가 직면하고 있는 여러가지 문제의 근저에 가로놓여 있는 진실이나 인간적 가치의 본질을 발견할 수 있다.

내가 참석한 세미나에는 '일본과 서양의 리더상의 비교'라는 주제로 1주일간 미국인 8명, 일본인 8명 등 전체 16명이 참석하였다.

플라톤에서 공자, 맹자, 밀, 다윈, 아리요시 사와코(有吉佐和子), 도이 다케오(土居健郎)에 이르기까지, 실로 동서고금의 문헌이 각 세션에 사용되었다. 문헌을 읽고 이해하고 있다는 것을 전제로 세션이 진행되므로 사회자가 "국가와 자신과의 관계에 대해 답하시오" 등 평소에는 생각한 적도 없는 질문을 던지기 때문에 매일 매일이 긴장의 연속이었다.

사회가 점점 전문화·다양화·세분화 될수록 우리는 자기가 속한 분야 이외에는 보기가 힘들어져 사물에 대한 관점이나 사고 방법도 편협해지기 쉽다. 시야를 넓히는 일과 깊은 사색을 요구하고 있다고 생각했다.

짧은 기간이었지만 고전을 읽고 그 가치관에서 현대적인 의미를 발견하는 작업은 타분야의 분들과 논의를 하며 자기 자신과의 대화를 깊게 함으로써 애매한 결론에 빠지기 쉬운 사고 패턴을 훌륭하게 전환시킬 수 있었고, 넓은 시야에서의 사고의 중요성을 일깨워 주었다.

일본은 지금 대전환기를 맞이하여 나라도 기업도 갑작스레 변혁을

**도표4 : 아스펜 연구소 세미나 프로그램**

**주제 : 일본과 서양의 리더상의 비교 (일부 발췌)**

**7월 20일**

〈세션1 : 인트로덕션〉

E. O. 라이샤워 '중국계 세계의 전망'

플라톤 '국가'

공자 '논어'

〈세션2 : 인간의 본성〉

맹자 '인간의 본성'

순자 '성악편'

C. 다윈 '인간의 유래'

有吉佐和子 '華岡青洲의 아내'

**7월 21일**

〈세션3 : 일본의 문화와 사회〉

도날드 킹 '徒然草'

土居健郎 '어리광의 구조'

**7월 22일**

〈세션4 : 서양문화와 사회〉

J. S. 밀 '자유론'

A.토크빌 '미국의 민주주의'

레스터 사로 '자본주의의 미래'

마틴 루터 킹 Jr. '버밍험 옥중에서의 편지'

강요당하고 있다. 그러나 변화에만 눈을 빼앗기면 정말로 나아가야 할 길을 보지 못한다. 잘못을 되풀이하지 않기 위해 고전을 읽으면서 역사의 교훈을 배워 올바른 리더십을 발휘하지 않으면 안 된다.

현재 아스펜 연구소 관련 센터는 독일, 프랑스, 이탈리아에도 설치되어 있다. 또 일본에도 일본 아스펜 연구소가 1998년 4월에 설립되어 나도 감사로서 힘을 쏟고 있다. 덧붙여서 말하면, 프랑스의 산업계와 관료계의 엘리트 교육에 커다란 영향을 끼치는 그랑제콜의 하나인 국립 퐁제쇼세 공과고등대학도 국제경영대학원(MIB)을 일본에 개설할 계획이다. 프랑스에서는 차세대를 담당할 17, 18세의 젊은이들이 진학할 때 적성시험과목의 하나로 철학을 채택하고 있는데, 여기에서도 종래의 미국과 영국의 MBA(경영학석사) 프로그램을 참고하면서 특히 이문화 커뮤니케이션을 중시하여 상호이해의 확립을 목표로 한다고 한다.

국제적으로 인정받은 리더양성 기관이 일본에 설립되어 거기서 장래의 리더들이 배울 수 있다는 사실은 대단히 바람직한 일이다. 격동의 시대를 극복하기 위해 시간에 쫓기는 세계에서 일시적으로 떠나 가치와 의의를 사색하는 시간을 만드는 것도 리더에게는 중요하다.

## 리더에게 불가결한 고전적 교양

지금까지 일본 기업은 이익만 추구한 나머지 시야가 편협해진 경향이 있다. 리더도 거기서 일하는 비즈니스맨도, 조금도 곁눈질 하지 않고 이익 추구라는 목적을 향해 달려 왔다. 그 과정에서 잃은 것은 없었는가?

예를 들면 교양이다. 고도경제성장 속에서 무시해 온 것이 아닐까? 해외에서 경제적 동물이라는 야유를 받은 것도 일본의 비즈니스맨이 상업 이외에는 관심을 가지지 않았기 때문이 아닐까? 바로 수년 동안 표면화된 대기업 간부나 고급 관료의 불상사도 일 이전에 인간으로서 갖추어야 할 정의감과 윤리의식 같은 소중한 것이 결여된 결과가 아닐까?

그러나 세계적 규모에서 대변혁의 시대가 막을 연 지금, 리더나 비즈니스맨에게는 공정한 경쟁 환경을 이겨내기 위한 윤리의식이 요구되고 있다. 그것은 눈앞의 이익을 좇는 기술이 아니라 사회 전체를 포착하는 대국적인 시점, 절대적인 정의, 사람이나 기업으로서의 품성 등이다.

환경은 더욱 심하게 변화하고 있다. 눈앞의 변화에 눈을 빼앗기면 탁류에 휩쓸리는 나뭇잎처럼 자기 자신을 잃고 만다. 주위가 아무리 변화해도 변하지 않는 가치관, 변하지 않는 인생관, 변하지 않는 윤리의식이 있다. 그것을 체득하여 가르치는 것 또한 리더의 역할이다.

고전을 배우는 이유는 인간의 희로애락이나 훌륭함, 어리석음을 알고 인간이 구축해 온 문화와 가치관을 아는 것이다. 회사라는 조직도 소비자라는 대중도 인간 집단이라는 사실에는 변함이 없다. 그 집단을 이해할 수 있는 자신을 만들어 내는 것이 고전을 배우는 진정한 의미라고 생각한다.

사회 전체가 패배감에 뒤덮여 있는 지금이야말로 고전을 다시 읽고 배울 필요가 있다. 고전은 출구를 찾지 못하는 이 상황을 돌파하기 위한 사례나 교훈, 지혜의 보고다.

고전의 교양은 국제 비즈니스의 무대에서도 중요하다. 외국인은 자기소개를 할 때, '나는 역사, 철학, 지리, 그리고 경제를 배웠습니다'는 식의 말을 자주 한다. 그에 비해 일본인의 대부분은 '나는 모대학의 경영학부에서 배웠습니다'라는 표현을 한다. 여기에서부터 인간으로서의 교양의 폭이나 비즈니스에서의 승부가 보이는 것이다.

외국의 파티에서는 부부동반의 출석을 요망하는 경우가 많은데, 그 자리에서 비즈니스의 상대나 그 동반자에게 '일본의 무로마치 시대에 관심이 있다'는 말을 들었을 경우, 일본인으로서 그 문화를 이야기할 수 없는 것은 부끄러운 일이다. 대화가 발전하면 공통되는 흥미의 대상을 매개로 하여 비즈니스 파트너로서 강한 신뢰를 얻을 수 있다. 외국어가 안 되면 통역을 써도 좋다. 그들은 그 사람의 기반이 되어 있는 문화를 소중히 하면 서로를 알게 된다는 자세를 갖고 있기 때문이다.

일본인은 단순히 진부하다는 이유로 고전이나 역사를 멀리하는 경향이 있지만 서구에서는 고전이나 역사를 알지 못하면 정체성이 결여되었다고 생각한다. 그들은 그리스 신화나 성서의 창세기 세계가 자신의 뿌리라고 생각하고 있을 정도다.

어느 시대에도 인간의 본질은 변하지 않는다는 사실을 기억하고 작품 속에 자신을 놓고 생각해 본다면 사고의 폭이 깊어질 수 있음은 물론, 고전적인 교양을 자신의 것으로 할 수 있을 것이다. 겸허하게 고전을 배우고 자신을 검증하는 자세는 주위에도 영향을 줄 것이다.

## 한계를 극복하는 트레이닝

리더의 지도력, 발상력, 시야에는 자연히 한계가 온다. 그 한계를 넘는 데에는 운동선수처럼 트레이닝을 하는 것이 필요하다.

원래 리더란 리스크의 청부인(請負人)이다. 리스크테익은 모험이며 자신의 한계를 시험하는 것이기도 하다. 리더가 모험심을 잃고 한계를 넘을 수 없게 된 기업은 성장력이 쇠퇴하여 소멸하고 만다.

〈도표 5〉에 내건 '창조적이지 않은 풍토와 창조적인 풍토'는 일본능률협회가 작성한 것이다. 자기 회사가 〈창조적이지 않은 풍토〉에 있다면 우선 리더로서 자신이 한계를 뛰어넘으려는 노력을 하고 있는지를 확인해 볼 필요가 있다.

리더는 기업을 성공으로 이끌고 그 성공을 계속 유지하지 않으면 안 된다. 그러나 과거의 영광이 크면 클수록 그 유지도 한층 어렵다. 그러한 경우 빠지기 쉬운 것이 〈도표 5〉에서 말하는 '(회사의)역사나 전통에 의존하여 보수적'이 되는 것이다. 성공을 계속 유지하는 데에는 조직도 리더도 끊임없는 트레이닝을 통해 '도전적이며 진취적인 기풍이 넘쳐 있는' 것이 필요하다.

### 도표 5 : 창조적이지 않은 풍토와 창조적인 풍토

● (창조적이지 않은 풍토)

★ 역사나 전통에 의존하여 보수적이다
★ 모든 면에서 폐쇄적이다
★ 개인보다 집단 · 조직을 우선한다
★ 경직된 조직 제도로 통풍이 되지 않는다
★ 각 부문 간의 벽이 두터워 협력이 없다
★ 균질 · 동질적 집단으로 권위주의적이다
★ 감점주의로 실패를 인정하지 않는다
★ 경영 이념이나 방침이 철저하지 않다

(비활성화)

● (창조적인 풍토)

★ 도전적이며 진취의 기풍이 넘친다
★ 개방적이며 자유로운 분위기이다
★ 개인을 존중하여 개성의 발휘를 우선한다
★ 유연한 조직제도로 통풍이 잘 된다
★ 정보 교환이 자유로워 서로가 협력한다
★ 이질적인 인재 집단으로 권위보다 전문 능력을 중시한다
★ 시행착오를 인정하며 가점주의다
★ 창조적 목표가 말단까지 철저하다

(활성화)

## 04

# 리더가 판단할 정보와 리스크

### 가치있는 정보는 공짜로 얻을 수 없다

30여 년 전의 일이다. 뉴욕의 어느 기업으로부터 일본 진출에 대한 상담을 받았다. 이 회사는 기업의 정보를 수집해 파는 회사였다. 그 때, 나는 경제 단체를 비롯해 여러 기업에 타진했다. 그러나 당시 일본에는 그 비즈니스를 평가해 일본 진출을 도와주려고 하는 기업은 없었다. 정보에 돈을 지불한다는 인식이 없었던 것이다. 나는 그 일에 내가 힘이 될 수 없었던 것을 지금도 안타깝게 생각한다.

지금 일본에는 모든 분야에서 글로벌 스탠다드가 침투되어 있다. 지금까지 일본 사회의 상식이었던 암묵적 동의나 독특한 상습관(商習慣)'은 더 이상 통용되지 않고 계약과 소송이 상식이 되어 갈 것이다. 미국처럼 다른 언어나 습관, 종교를 가진 이민족끼리 어깨를 맞대고 사는 사회에서는 양해나 이심전심이라는 방법은 성립되지 않는다. 다른 사람과의 차이를 인식하고 계약에 의해 관계를 구축하는 것이 기본이다. 그것을 위해 꼭 필요한 것이 상대의 정보를 얼마나 알고 자신의 정보를 얼마나 알릴까 하는 것이다. 특히 기업 경영에서는 정확한 정보를 바탕으로 비즈니스를 추진하지 않으면 하찮은 실수나 오해로 막대한 액수의 손해배상 소송을 당하는 일이 생긴다. 그렇기 때문에 정보에는 가치가 있으며 적절한 대가가 지불되어야 하는 법이다.

## 돌이킬 수 없는 악질 정보

정보원은 온갖 장소에 존재하고 있다. 외부의 정보뿐 아니라 회사 내부의 정보도 소중하며 그 수준이나 흐름은 경영자, 관리직, 일반 종업원에 따라 다르다. 그러나 경영자가 가장 주의해야 할 것은 악질 정보의 위험성이다. 악질 정보는 의도적으로 기업이나 경영자에게 위험을 가하고자 하는 경우가 있다. 이것은 경영자의 실각이나 회사의 소멸을 초래한다. 이러한 사태를 피하기 위해서 경영자 자신은 물론, 조직 전체에 걸친 정보의 '위기관리(risk management)'가 필요하다.

거기에는 우선 평소에 경영자, 관리직, 일반 종업원 등 각 계층의 의사소통이 잘 되게 하는 것이 중요하며 우수한 인재에 의한 '정보의 적격심사 조직'을 확립할 수 있으면 더욱 효과적이다.

단, 이 조직이 정보의 가치를 올바르게 인식하지 않으면 옥석이 뒤섞인 정보가 최고경영자에게 올라가게 된다. 질 높은 정보를 신속하게 얻을 수 없다면 그 정보는 가치가 없다. 또 상황이 나쁜 정보는 전하고 싶지 않은 것이 인지상정이다. 톱 경영자의 귀에 듣기 좋은 정보밖에 올라가지 않게 된다면 어딘가에 결함이 있다고 생각해야 한다. 경우에 따라서는 외부의 컨설턴트나 제3자로부터 얻은 정보로 대조하고 조사할 필요도 있다.

그러나 정보를 최종적으로 판단하는 것은 리더의 책임이다. 우선 리더 자신이 선입관을 버리고 현재 상황에 대한 정확한 예비 지식을 갖는 것이 중요하다. 예를 들면, 지금 직장 안팎에서 어떤 일이 일어나고 있는지, 비즈니스는 어느 방향으로 움직이는지 주변 정보를 수집하고 확인하는 것이 중요하다. 필요에 따라 궤도를 수정하고 자기 책임 하에 정보를 확인해야 한다. 경영자나 기업에 있어서 '가치있는 정보'는 사활을 좌우하는 중대한 사항이기 때문이다.

또 정보를 외부로 발신하는 경우, 경영자가 외부에 대해 하는 발언은 특히 세심한 주의를 기울여야 한다. 부적절하거나 약점을 보이는 부주의한 발언은 때로는 주가의 폭락 등을 초래해 외부에 허점으로 보일 가능성도 크며 경우에 따라서는 도산으로까지 몰아갈 수도 있다. 우수한 정보 조언자의 조언을 얻어 신중하게 발언하는 것도 리더의 중대한 책무다.

## 리스크는 도처에 있다

조직의 톱은 최고 책임자이기도 하다. 그렇다면 책임자란 어떤 의미인가?

책임이라는 말을 최근 부정적으로 사용하는 경우가 많다. 불상사를 저지른 기업에서는 최고 경영자가 책임을 문책당해 사죄하거나 사임한다. 언제부터인가 '책임져라'는 '사임하라'는 말의 동의어가 되고 말았다. 책임이라는 것은 완수해야 할 의무를 말한다. 그것을 완수할 수 없을 경우에는 차선책을 취하고 더 이상 손을 쓸 수 없게 되면 부득이 제재를 받게 된다. 책임은 의무를 다함으로써 완수되는 것이지, 그만두는 것이 아니다.

기업의 톱이 회사를 운영, 발전시킬 의무를 다 할 수 없게 되는 요인에는 여러 가지가 있다. 사원의 실수나 상대방의 계약 불이행, 지진이나 화재 등의 재해, 심지어 사내의 불상사도 있다. 이러한 모든 사태에 대비하는 것도 최고 경영자의 의무가 된다. 따라서 최고 경영자는 사내에서 행해지는 업무를 파악하여 리스크 요인이 되는 것은 철저하게 연구할 필요가 있다.

그런데 최근에 자주 듣는 리스크나 리스크 매니지먼트라는 말의 진정한 의미는 그다지 쉽게 다가오지 않는다. 리스크란 1년에서 수 년 안에 기업 경영에 중대한 영향을 미칠 위험이 있는 행위나 상태를 가리킨다. 예를 들면, '규제 완화에 의한 업계의 경쟁 격화'는 리스크 자체가 아니라 어디까지나 리스크의 원인이다. 그 결과로 시장 점유율을 빼앗기는 것이 리스크다. 또 언제 발생할 지 모르는 긴급

사태가 '리스크(크라이시스)'다.

한편, 리스크의 원인이나 리스크 자체를 예지, 예측, 예방하고, 리스크가 발생했을 때 대응에서 사후 처리까지 커버하는 것이 리스크 매니지먼트다. 영속적으로 기업을 번영시키기 위해 리스크 매니지먼트는 없어서는 안 된다.

기업을 습격한 리스크나 위기에 대해 진두에서 지휘를 잡지 않으면 안 되는 것이 리더이다. 리스크나 위기가 기업에 가져오는 위험에 어떻게 대응하느냐에 따라 위험이 커지기도 하고 작아지기도 하기 때문에 리더의 책임은 실로 중대하다. 나는 리스크를 떠맡을 각오가 되어 있지 않은 사람은 절대 리더가 되어서는 안 된다고 생각한다. 본래 리더란 리스크의 청부인이며 적을 앞에 두고 도망간다는 것은 리더로서 가장 비겁한 행위이다.

지금처럼 진정한 리더가 필요한 시대도 없는데 눈앞의 일만 생각하고 책임 회피나 보류도 일관하고 있는 정치계, 관료계, 재계의 톱이 얼마나 많은가? 그 원인으로는 톱의 낮은 의식도 있지만 리더에 대한 사회 전체의 평가 시스템에도 문제가 있다. 그 좋은 예가 낮은 보수다.

미국에서는 톱이 취임할 때, '업적이 3년 이내에 회복되면 스톡옵션을 포함해 수천만 달러의 보수를 손에 쥐게 될 것이다'라는 뉴스가 나오기도 한다. 이것에 비해 일본의 톱 경영자의 연봉은 일류 기업이라도 겨우 4,000만 엔에서 5,000만 엔 정도이다.

이제 일본에서도 주식대표 소송은 드물지 않아 경영자의 책임이

엄중하게 문책되는 시대가 되고 있다. 경영의 실패는 경영자 스스로 사재를 내어서 갚지 않으면 안 된다. 그러나 연 수익 4,000만 엔에서 5,000만 엔으로는 리스크를 무릅쓰면서까지 경영 쇄신을 도모하기 어렵고 새로운 사업에 도전하려는 의욕도 생기지 않을 것이다. 그래서 결국 임기 만료까지 현상유지만 계속하게 된다. 이것 또한 일부러 그렇게 하든 않든 책임추궁이 된다는 것은 틀림없다. 전임자로부터 계속되어 온 주주에 대한 이익 공여, 손실 감추기, 겉치레 결산 등 부패의 온상을 끊지 못하고, 그것을 깨달았을 때는 도산하는 경우도 드물지 않다.

일본 경영자의 보수가 미국과 비교해 낮다고 해서 그 책임이 경감되는 것은 물론 아니다. 마찬가지로 책임을 묻게 된다면 일본의 톱도 경영수완을 발휘하여 성과를 올려 미국과 동등한 보수를 요구하면 된다.

리스크나 위기의 싹을 빨리 뽑아버리는 것도 리더의 역할이다. 리스크 매니지먼트라고 해도 리스크에는 외적요인에서 내적요인까지 여러 가지가 있으며, 기업 규모에 따라 리스크의 내용도 다르다.

중소기업에도 제조물책임법에서 손해배상을 요구받는 일이 있고 해외와의 거래에서는 생각지도 못한 함정이 있다. 여기에도 글로벌 시대의 물결은 밀려들고 있는 것이다. 생각지도 못한 리스크가 발생하는 일도 있다. 최근에는 대기업의 도산과 함께 도산하는 관련 중소기업도 있고 종업원이 범죄를 일으키거나 범죄에 휘말리는 일도 있다. 남의 일이라고 생각하고 있던 환차익에 타격을 받는 일도 생긴다. 기업의 규모에 상관없이 글로벌한 시야가 필요한 시대이다.

모든 면에서 자기 기업의 리스크를 한번 생각해 보자. 어느 정도의 리스크가 올라갈 수 있는가? 거기에 대해서도 리더의 자질을 묻게 될 것이다.

## 역전 홈런을 가져온 연구실의 리더십

### 무라카미의 리더십론

**오타케:** 연구자로서의 미국 체험은 어떠했습니까?

**무라카미:** 내가 미국에 간 것은 1960년대 전반으로 27세 때입니다. 당시 일본 사회는 어딘지 모르게 실력을 발휘할 수 없는 분위기였는데, 그 점에서 미국은 달랐습니다. 나는 박사학위를 취득한 지 얼마 안 되는 연구자임에도 불구하고 50세가 넘은 일본인 교수와 같은 급료를 받았습니다. 깜짝 놀라 미국인에게 물어보자 '일본에서는 어떤지 모르지만 미국에서는 하는 일이 같으면 급료가 같은 것은 당연하고 그것이 공정하다'고 했습니다. 남에게 좋은 평가를 받으면 기분이 좋으니까 그러한 미국 환경에 나의 유전자가 눈을 뜬 것은 아닐까 생각합니다.

**오타케:** 지금 일본의 대학은 어떻습니까?

**무라카미:** 일본 대학 또한 빅뱅을 맞이하고 있다고 느낍니다. 교수가 되고 나면 좋은 연구를 하지 않아도 좋은 강의를 하지 않아도 생활할 수 있

습니다. 일본이 가진 고유의 과학, 기술, 문화를 수출하기 위해서는 우리도 프로가 되지 않으면 안 됩니다. 일본인의 소질은 결코 나쁘지는 않은 편이니까, 연공서열만으로 거의 모든 것이 결정된다고 하는 환경인자를 바꿀 필요가 있지요.

**오타케:** 나는 최근 국제과학진흥재단의 부회장을 맡았습니다. 이 진흥재단은 대학의 연구 성과를 기업에 응용하는 대신 기업이 연구자에게 기술사용료를 지불하는 구조를 만들고자 하는 것입니다. 선생님도 연구비로 고생하신 적이 있습니까?

**무라카미:** 내 연구실에는 40명의 대학생과 대학원생이 있습니다. 나의 첫 번째 사명은 그들에게 얼마나 만족스러운 연구를 하게 할까 하는 것입니다. 그러나 지금은 대학 사정이 대단히 어려워 대학원생 1명에게 드는 연간 100만 엔의 연구비 중 10만 엔은 문부성에서 지원을 받고 나머지는 빚으로 해결합니다. 학생이 30명 있으면 3,000만 엔의 예산이 필요하므로 나는 작은 기업의 톱이 되는 셈이지요.

**오타케:** 정말 힘드시군요.

**무라카미:** 그렇지만, 그래도 연구가 우선이지요. 돈은 은행에서 빌려오면 되지만 연구는 빌려올 수 없습니다. 우리는 프로가 되고자 하는데 돈이 없어서 연구를 할 수 없다면 분하지요. 그래서 연구비는 내가 어떻게든 할테니 좋은 연구를 하면 돈은 자연히 따라오게 된다고 말하고 있습니다. 그것이 나의 역할입니다.

**오타케:** 그것은 회사 경영에도 적용되는 '리더'의 역할이군요.

**무라카미:** 책임은 내가 지고 좋은 연구의 업적은 젊은이들의 몫으로 합

니다.

**오타케:** 훌륭하시군요.

**무라카미:** 이것이 순조롭게 된다면 연구실은 활성화되지요. 우리의 성과는 논문이지만 여러 명이 함께 논문을 쓴 경우는 '톱 네임'이라고 해서 처음에 이름이 나오는 사람이 가장 좋습니다. 내 연구실에서는 가장 노력한 사람을 톱 네임으로 하고 있습니다. 그 논문에 관해서는 나는 특별히 관여하지 않기 때문에 톱 네임의 학생은 열심히 합니다. 이것이 내 일이라고 생각하면서.

**오타케:** 최고의 리더십입니다.

**무라카미:** 확실히 그렇게 하면 그들은 성장합니다. 우리들의 분야는 점점 나아지고 있으니까 팀을 만들고 팀의 리더를 정하여 맡기는 것이 좋습니다. 나는 연구비 담당, 그것을 위해 좋은 계획을 세워야 합니다. 그것이 나의 일입니다.

**오타케:** 모든 회사 경영에 적용됩니다. 경영 이념에 꼭 맞는 말씀입니다. 저서에서도 '마음의 경영'이라는 말을 사용하셨는데, 역시 마음으로부터 학생들의 성장을 바라기 때문에 가능한 일이겠지요. 기업에서도 거기까지 한다는 것은 좀처럼 가능한 일이 아닙니다.

**무라카미:** 우리 연구실은 실력으로는 아래에서 두 번째 정도입니다. 그 실력으로 챔피언과 마주합니다. 물론 아홉번 정도는 지지만 가장 중요한 시합에서 이깁니다. 역전만루 홈런이기 때문에 모두가 열광하게 되지요.

## 신념이 하늘을 내 편으로 한다

**오타케:** 연구의 승부는 어디서 결정됩니까?

**무라카미:** 인물을 내는 것은 하루아침에 안 됩니다. 연구에서는 대체로 3년이 승부라고 합니다. '3년 천일'이라는 말도 있듯이 3년 천일 동안 사람이 마음을 담아 무엇인가를 하면 하늘이 도와준다는 말입니다. 결국 내가 말하고 있는 '섬씽 그레이트'(생명의 설계도를 그린 자는 누구인가, 대자연의 불가사의한 힘)라는 말도 그러한 것입니다. 불가사의한 만남이라는 것이 있어서 절대로 일어나지 않을 것 같은 일이 일어나는 겁니다.

**오타케:** 지금까지 어떤 만남이 있었습니까?

**무라카미:** 독일의 길모퉁이에 있는 맥주집에서 어떤 사람과 우연히 만나 거기서 연구가 펼쳐진 일이 실제로 있었습니다. 레닌 유전자의 암호를 읽는 것이 너무 어려워 사람은 무리니까 원숭이로 바꾸자고 반은 자포자기가 되어 술을 마시고 있는데, 교토 대학의 젊은 선생님이 도와주겠다고 한 것입니다. 세계의 톱을 달리고 있는 사람이었어요. 나는 거기에 감동했습니다. 하늘이 내 편이라 생각했지요. 아, 이것이 '섬씽 그레이트'라고.

**오타케:** 행운이었군요.

**무라카미:** 이것은 나이트 사이언스(밤의 과학)라 해서, 대학에서 연구하거나 학회에서 발표하거나 하는(데이 사이언스) 것과는 다른, 표면에 나오지 않는 과학의 세계입니다. 이론으로는 설명할 수 없는 일입니다.

거기서 나는 승리했다고 생각했지요. 그런데 쓰쿠바로 돌아오자 불가사의한 일이 또 일어났습니다. 약 1주일 후 도호쿠 대학에서 전화가 왔는데, 찾고 있었던 병의 장기(臟器) 샘플을 구했다고 하는 겁니다. '선생님, 샘플 필요하세요?' 라고 해서 달라고 했는데, 그런 일은 여간해서는 없는 일이지요.

**오타케:** 정말 불가사의한 일이군요.

**무라카미:** 그런 일이 정말 일어났습니다. 학생들은 이 날부터 날더러 신들린 사람이라고 했습니다. 나는 우리 학교처럼 이름 없는 대학을 세상에 소개하고 싶었는데 그러려면 좋은 학생을 배출하던가, 좋은 연구를 하는 수밖에 없었습니다. 그래서 나는 학장에게 '내 연구실에서 3년 이내에 좋은 연구 성과를 내겠습니다' 라고 말하러 갔던 것입니다. 나는 마음이 약해서 이렇게 선언해 두지 않으면 나중에 스스로 취소하기도 한답니다. 학장은 기뻐했습니다. 그런 말을 하러 온 교수는 지금까지 한 명도 없었다면서…….

**오타케:** 어음 수표를 먼저 발행하신 셈이군요.

## 석세스풀 드림을 그린다

**무라카미:** 나는 3년 이내에 안 되면 정말로 그만두려고 했습니다. 미국에서는 그게 당연합니다. 그것이 역전 만루 홈런이 된 것이지요. 우리 학교처럼 이름 없는 대학에서는 생각할 수도 없는 일이었습니다. 나

는 정말로 눈물이 나왔습니다. 그런 감동이 있었어요. 정말로 마음을 담아서 하니까 하늘이 내려 준 것입니다. 극단적으로 말하자면 세포 안에 인간의 행위가 아닌 것, 즉 신의 작용을 보았다는 말입니다. 게다가 연구하는 과정에서도 계속해서 불가사의한 일이 일어났습니다. 보통 사람으로는 불가사의해도 저에게는 하늘이 내 정성에 보답해 주었다는 감동이 있었습니다.

**오타케:** 멋진 이야기군요. 이것은 경영자에게도 꼭 필요한 분발에 대한 이야기입니다.

**무라카미:** 모두가 분발한다면 굉장한 일을 할 수 있다는 것이 나의 생각입니다. 나는 연구자로서는 중상(中上) 정도지만 그런 강한 마음이 있었습니다. 게다가 그 간절함이 하늘에 통한다는 감동을 연구 현장에서 본 셈입니다. 그것이 또 유전자 연구와 결부되어 인간을 초월하는 작용은 세포 안에 있다는 사실을 알았습니다. 그러한 사실을 일반인도 조금이라도 알았으면 하는 마음에서 책을 쓰고 강연을 하고 있습니다.

**오타케:** 설득력 있는 말씀이군요.

**무라카미:** 성공했을 때의 일을 머리에 떠올리는 트레이닝을 석세스풀 드림이라 합니다.

**오타케:** 머리속에 이미지를 그리는 거군요.

**무라카미:** 파스퇴르나 하버드를 앞섰다고도 했고, 학회에서 박수 갈채를 받았다고도 했습니다. 그런데 1,500명이 모인 일반 강연에서 정말로 박수가 나왔어요. 정말 눈물이 나왔습니다.

**오타케:** 역시 실현할 수 없는 꿈은 진짜 꿈이 아닙니다. 꿈은 실현되는 것이니까요.

### 무라카미 카즈오(村上和雄)의 프로필

1936년 나라현 출생. 1963년 교토대학 대학원 농학연구과 농예화학전공박사과정 수료. 같은 해 미국 오레곤 의과대학 연구원. 1968년 교토대학 농학부 조수. 1976년 미국 밴더빌트 대학 의학부 조교수. 1978년 쓰쿠바대학 응용생물화학계 교수. 1994년부터 1998년 3월까지 첨단학제영역연구센터장을 역임. 1983년 고혈압에 관계하는 효소 '레닌'의 유전자 해독에 성공. 1996년 일본학사원상 수상. 저서에 『유전자로부터의 메시지』(日新報道) 『생명의 암호』(선마크출판), 『상식을 부수는 과학은 재미있다』(光文社) 등 다수.

# 03

## 리더십의 구조

–꿈이나 목표를 멤버와 공유하여 실현한다

리더십이란 무엇인가? 그것은 어디서 나오는 것이며, 무엇에 의해 지탱되는가? 단순한 결심이나 외견상의 모습으로 리더십이 발휘될 리 없다. 원맨(one man)이나 독재와는 다른 것이다.

이 장에서는 사람의 꿈과 이념, 그것을 실현하고자 하는 의지, 그 의지를 함께하는 멤버와의 관계가 리더십을 형성하는 구조라는 이야기를 하려고 한다.

# 01 리더에게는 꿈이 있다

### 꿈을 구체화하고 현실화하다

지금까지 리더십에 대해 단편적으로 서술해 온 것을 정리하자. 리더와 멤버의 유대, 목표의 공유, 리더십의 역할 등이 어떠한 관계인지를 해명하고자 한다.

간단히 말하면 이렇다. 명쾌한 꿈이나 목표를 가지고 있는 사람이 있다. 그것은 결코 혼자서 실현할 수 없기 때문에 타인의 협력을 필요로 한다. 그런 경우, 주위 사람들과 꿈이나 목표를 공유하여 구체화하고 현실화시키는 추진력이 리더십이다.

많은 회사가 상품을 만들거나 서비스를 제공하는 사업을 하고 있다. 잘 살펴보면 성장과 발전을 계속해 생기 넘치는 기업이 있는가 하면, 오랫동안 침체되어 있는 기업도 있다. 그 차이는 어디에 있을까?

물론 회사의 상품이 시대의 요구에 맞는가 라는 문제가 있다. 예전에 각광받았던 석탄 산업이 에너지 정책 전환 탓에 쇠퇴하지 않을 수 없었던 것처럼 아무리 분발해도 성장을 바랄 수 없는 산업이 있다. 그런 문제는 접어두고 같은 산업 중에서도 성장하고 있는 회사가 있는 반면, 정체되거나 몰락하는 회사가 있다. 기업 컨설턴트가 그 차이를 분석하면 몇 가지 요인을 지적하겠지만, 나는 경영자의 자질이나 역량의 차이에 있다고 생각한다. 경영자가 조직의 리더에 걸맞는 자질을 갖춰 리더십을 발휘하고 있는지의 여부다.

기업 경영의 근간에 관계되는 경영자의 리더십에는 다음의 세 가지가 있다.

① 경영자에게는 꿈이 있으며 그것을 기업의 경영 이념으로 구체화해 전 사원이 공유한다.
② 경영 이념을 장단기의 목표로 구체화한다.
③ 목표를 현실화하는 전략 · 전술을 세워 실천한다.

이 경영자의 리더십을 도식화한 것이 〈도표 7〉이다. 바람직한 리더라 할 수 있는 경영자에게는 꿈과 로망이 있으며, 그것을 매력으로 열변을 토로한다. 타인과 공유할 수 있는 꿈은 많은 사람들에게 공감을 준다. 그 꿈이 사회에 공헌하고 사람들을 행복하게 하는 것으로 이어진다면 설득력이 증대될 것이다.

나는 실현되지 않는 꿈은 진정한 꿈이라고 생각하지 않는다. 꿈의

**도표 7: 경영자의 리더십**

| 광의의 목표 | 꿈 | 조직 |
| --- | --- | --- |
| 구체화 | 경영이념 | (정보) |
| 협의의 목표 | 장기경영계획 | (기업문화) |
| | 단기경영계획 | 전략<br>전술 |
| 현실화 | 업무계획, 목표 | |

실현을 진심으로 바라고 노력하면 반드시 이루어진다고 믿는다. 그러한 프로세스 없이 꿈을 꾸기만 한다면, 그것은 망상이라 불러야 한다. 망상과 현실을 구별하지 못하고 사업을 확대하여 파탄한 케이스도 적지 않다. 경영자와 허풍선이와의 다른 점은 꿈을 현실로 전환할 수 있는지의 여부다.

경영자가 꿈을 현실로 바꾸는 과정의 제일보는 경영 이념이라는 형태로 자신의 꿈을 구체화하여 회사 전체가 공유하는 것이다. 나는 이것을 '전원 참가 경영'이라 부른다. 경영 이념은 소위 회사의 철학이며 헌법으로 명문화하는 것이 바람직하지만 경영자가 훈화 등으로 제시하는 경우도 있다. 중요한 것은 종업원이나 고객이 이해하고 있는가의 문제이다.

경영 이념은 회사의 기둥이 되지만, 그것만으로 회사는 움직이지 않는다. 그것을 구체화한 장·단기의 목표를 명확히 해야 한다. 즉,

10년 후의 모습은 어떠할까, 그것을 위한 당면 과제는 무엇인가를 확실히 하고 그 과제에 몰두한다. 그렇게 목표를 정함으로써 어디로 나아가야 하는지, 그 길은 어디에 있는지 알게 된다. 그 장·단기의 목표를 현실화하기 위해 전략이나 전술을 입안하여 회사 전체가 실천한다. 목표가 그림의 떡이 되지 않게 하기 위해서 전략은 명확하게 그것을 기초로 세밀한 전술을 세울 필요가 있다.

경영자의 역할은 이러한 일련의 프로세스를 막힘없이 진행시키는 것이다. 경영 이념을 정하여 목표를 설정하고 전략·전술을 사원에게 지시하는 것까지 광범위하다. 물론 회사 규모가 크고 업무 범위가 넓으면 임원이나 중간 관리직에 권한을 위임하는 일도 있지만 그것도 경영자의 책임 하에 행하는 것이며, 각 부서의 업무에 대해 파악할 필요가 있다. 이것이 기업 경영에 있어서의 리더십이다.

이상이 리더십의 아웃라인이다. 다음은 리더십의 각 국면에 대해 구체적인 예를 들어 생각해 보자.

## 꿈이나 경영이념을 공유하다

바람직한 경영자는 꿈을 갖고 그것을 경영 이념이라는 형태로 구체화할 필요가 있다. 그러나 꿈이 없는 경영자도 있고 경영 이념이 없는 회사도 적지 않다. 꿈이나 경영 이념이 있는 회사와 그것이 없는 회사는 어떻게 다른가?

기업은 이익을 올리는 것이 최대 목적이라고 생각하고 있다. 확실히 이익을 올릴 수 없는 기업은 도산할 수밖에 없다. 개인도 수입보다 지출이 많으면 언젠가 빚으로 꼼짝 못하게 되는 것과 마찬가지다. 그렇다고 해서 인생의 목적을 돈벌이라고 생각하는 사람은 거의 없다. 대부분의 사람들은 인생의 목적은 돈벌이 자체가 아니라, 더욱 유의미한 무엇인가가 있다고 믿고 있기 때문이다. 그렇기 때문에 인생을 즐겁고 풍요롭게 할 수 있는 것이다.

기업 또한 단순히 이익을 올리기보다 직원들과 공유할 수 있는 유의미한 목적을 갖는 것이 돈을 위해서만 일하는 것보다 정신적으로 충실하고 의욕도 북돋울 수 있다. 생활을 유지하고 경제적으로 윤택해지기 위해 일한다면 그것만으로는 어딘가 부족하다. '인간은 빵만으로는 살 수 없다'는 말이 있다. 유의미한 목적, 멋진 꿈을 제시하는 것이 리더의 역할이다.

리더로서 경영자의 꿈이나 경영 이념은 개인의 손익을 초월한 가치를 제시하는 것이다. 커다란 목표를 정함으로써 사원의 의욕을 북돋우고 마음을 하나로 통일시킬 수 있다. 그것을 회사 밖으로 알리는 것도 중요하다. 명쾌하고 알기 쉬운 메시지로 외부에 알리는 것은 기업에도 이익이 된다. 우선 그 기업의 사고방식에 공감하는 인재를 채용할 수 있다. 회사 분위기나 기업 풍토라는 것은 자연히 익숙해지는 법이지만 입사를 희망하는 인물은 회사에 적응하기 쉬울 뿐만 아니라 일에도 적극적으로 몰두할 것이다.

또 고객에게도 공감을 얻을 수 있다. 강력한 리더일수록 고객과 강한 신뢰관계를 갖고 있는 법이다. 고객 획득이라는 경합 경쟁 속에서 강력한 영업 지원이 된다.

역사가 긴 회사는 기업 풍토라든가 기업 문화가 뿌리내려져 있어 경영자가 굳이 꿈이나 경영 이념을 말하지 않아도 된다고 생각할 지 모른다. 그러나 기업을 둘러싼 환경은 끊임없이 변하고 있다. 기업 풍토나 문화도 변하지 않을 리 없다. 회사 체질을 바꿀 필요가 있다면 경영자는 스스로 움직여야 한다. 기업풍토 문화가 너무 경직되어 경영자의 힘으로 바꿀 수 없다면 본래부터 리더십을 발휘할 수 있는 토양이 아닌 것이다.

기업의 리더는 항상 자신의 경영 이념을 사원에게 이해시키려는 노력이 필요하다. 중소기업은 둘째 치고, 대기업이라면 경영자의 의향을 회사 전체에 침투시키기는 어려울지도 모른다. 그렇기 때문에 규모가 큰 기업일수록 경영자의 강력한 리더십이 요구되는 것이다. 규모가 작을 때는 계속 기획을 실현시켜 세세한 곳까지 손이 미쳤지만, 회사가 커짐에 따라 융통성이 없어지고 활기도 없어지는 경우가 많다. 회사 규모가 커지면 그만큼 강력한 리더십이 요구된다.

정치가는 기회가 있을 때마다 자신의 이념과 정책을 유권자들에게 말하고 이해를 얻음으로써 지지를 넓힐 수 있다. 경영자도 마찬가지로 자신의 꿈과 경영 이념을 사원에게 말하고 이해시킬 필요가 있다. 그것이 리더십을 발휘하기 위한 제 일보다.

## 체크와 피드백

경영 이념만으로 회사는 움직이지 않는다. 경영 이념을 장·단기의 목표로 구체화할 필요가 있다. 목표를 세웠다면 그것을 현실화하기 위해 전략이나 전술을 고안하고 사내의 각 부문이 역할을 분담해서 실행해야 한다.

특히 전략은 측정할 수 있는 목표가 되어야 한다. 예를 들면, 고객만족을 전략으로 내걸어도 그것이 달성되었는지 여부를 확인하지 않으면 단순한 슬로건으로 끝나고 만다. 고객 비율을 몇 퍼센트로 올릴까 라는 목표를 동반함으로써 비로소 전략은 의미를 갖는 것이다.

목표가 기대한대로 달성된다면 좋지만 세상은 그렇게 쉽지 않다. 영업실적이 당초 목표의 반에도 못 미치거나 예정된 납기일을 지키지 못하는 일도 적지 않다. 그 원인은 여러 가지가 있겠지만 현장의 노력 부족으로 끝나는 경우가 많다. 매상 목표를 달성하지 못한 것은 영업담당자가 열심히 하지 않았기 때문이며 납기일을 지키지 못한 것은 제조 책임자의 절차가 나빴기 때문이라는 의미이다.

영업담당자의 경력과 인원 수는 충분했는지 제조 현장의 설비나 시스템은 만전을 기했는지, 그러한 현장 요소를 가미하지 않으면 그림에 그린 목표가 되기 쉽다.

때로는 발돋음도 필요하다. 종래의 실적을 상회하는 목표를 세우고, 그 실현을 향해 노력하다 보면 생각지도 못한 지혜나 궁리가 생길 때가 있다. 사람은 궁지에 몰리면  잠재능력을 발휘하기 때문이다. 그러나 거기에도 한계는 있다. 무리한 발돋음은 실패의 원인이 된다. 그럴 때는 어떻게 대처하면 좋을까? 목표를 설정한 사람은 현장에 책임을 떠맡기고 싶어 한다. 몇 개 부서가 관련되어 있으면 서로 책임을 전가하기도 한다.

그래서 리더의 역량을 묻는다. 리더에게 있어서 가장 용기가 필요한 결단은 목표를 도중에서 철회하거나 하향조정하는 것이다. 물론 목표는 쉽게 바꿀 수 있는 것이 아니며, 간단히 바꿀 수 있는 것이어서도 안 된다. 그러나 기업의 존속에 관계되는 사태가 발생할 경우, 리더는 결단을 내려야 한다.

거품경제로 불안했던 시기, 돈놀이에서 깨끗하게 물러설 용기가 있었던 경영자는 손실을 최대한으로 막을 수 있었다. 조직의 폭주를 막는 데는 경영자에 의한 점검과 수정이 불가피하다. 목표는 왜 달성되지 못했는지, 방법이 잘못되었는지, 목표가 너무 높았는지, 아니면 상황의 변화에 의한 것인지, 그 포인트를 체크하여 필요한 수정을 가한다. 그것을 중간관리직이나 현장에 맡기면 책임회피나 책임전가로 이어지므로 경영자의 판단이 필요하다. 그리고 실패의 경험을 피드백할 수 있을지, 여기서도 리더십이 요구된다.

## 인적 자원을 최대한 살리다

기업의 경영 자원에는 사람·상품·돈의 세 가지 요소가 있다. 상품이나 돈을 잃어버리면 되찾을 수 있지만 사원에게 버림받은 기업은 돌이킬 수 없다. 기업 경영은 결국 사람에게 달려 있다고 생각한다.

인재도 여러 종류가 있다. 학교 성적이 톱 클라스인 사람도 있으며 학업이 그다지 특기가 아닌 사람도 있다. 상사에게 순종하는 사람도 있고 반항적인 사람도 있다. 대부분의 회사에서는 학교 성적이 우수하고 주위와 협조하며 상사에게 순종하는 타입을 좋아한다. 취직 시험에서 면접 담당자가 그런 생각을 갖고 있으면 사원은 품행방정한 우등생이라는 스테레오타입이 되고 만다.

그러나 인물만 보고 채점할 수는 없다. 인물 평가는 신장이나 체중처럼 수치로 나타내어 우열을 판별할 수 없기 때문이다. 채소에도 무, 당근, 오이, 호박 등이 있지만 서로 우열을 가릴 수 없는 것과 마찬가지다.

낙천주의자라고 할 지도 모르지만 사람에게는 제각기 결점이 있듯이 그 이상의 장점이 있다. 예를 들면 내향적이어서 사람들과 잘 사귀지 못하지만 그만큼 사무일은 열심히 하는 사람도 있고, 마무리가 야무지지 못해 실수를 하더라도 누구도 생각하지 못한 아이디어를 내는 사람도 있다. 남의 결점을 문제 삼을 것이 아니라 장점을 살리는 것이 중요하다.

리더십이란 이처럼 인적 자원을 최대한 살리는 것이기도 하다. 지금 있는 사원의 능력을 얼마만큼 활용할 수 있을까, 어떻게 하면 자고 있는 능력을 끌어내어 발휘시킬 수 있을까. 뛰어난 리더는 사람의 능력을 개발할 수 있는 사람이다.

자신감이 없는 사람에게는 일을 완수했을 때 거침없이 칭찬하여 자신감을 심어준다. 비관적인 사고 방식이 강한 사람에게는 리스크 매니지먼트 같은 일을 마련해 준다. 리더는 심리학자나 인재뱅크의 역할도 맡고 있는 것이다.

사람의 숨은 능력을 끌어내기 위해서는 의욕을 북돋워 적재적소에 배치하는 것이 중요하다. 우리는 매일 얼굴을 맞대고 있는 사람들에 대해 아주 잘 알고 있다고 생각하기 쉽지만 사람에게는 다양한 얼굴이 있다. 회사에서의 얼굴, 가정에서의 얼굴, 친구로서의 얼굴……. 회사에서 보는 얼굴은 그 사람의 일부일 뿐이다.

요약하자면 일에서 자기 인생의 의미를 찾아 내면 그 사람의 능력은 100퍼센트 발휘될 것이다. 일을 통해 자기 실현을 도모하고 일하는 속에서 성공하는 것이 인생을 충족시킨다. 그것은 앞에서도 서술했듯이 경영자의 꿈이나 경영 이념을 사원과 공유함으로써 실현시킬 수 있을 것이다. 단 일로 자기실현을 도모한다 해도 '회사인간'이라든가, '일중독'과는 다르다. 자신을 포기하면서까지 충성을 다해야 할 회사도 일도 있을 수 없다. 자기 생활도 인생도 소중하기 때문에 일이라는 캔버스에 자신의 발자취를 그리는 것이다. 이때 사람의 능력을 끌어내어 최적의 일과 행복한 만남을 준비하는 것이 또한 리더의 임무일 것이다.

02

# 무엇이 올바른 판단을 가져오는가

## 전제적 리더의 한계

강한 리더십은 바람직하지만 그것이 전제적이어서는 안 된다. 전제적인 경영자란 무엇이든 자기가 결정하지 않으면 마음이 놓이지 않아 사원에게 권한을 위임하려 하지 않는 사람이다. 그러면서 사원에 대한 요구는 심해지고 책임량을 설정하여 그것을 달성하지 못하면 질책하는 일도 많다.

기업 규모가 작은 경우는 독재적이라고도 할 수 있는 강력한 리더십이 필요한 경우가 있다. 경영자의 이념이 잘 전달되어 회사가 하나가 되기 위한 플러스 요인으로 작용하는 경우도 있는 법이다. 그러나 기업이 성장하여 커지고 조직으로서의 체제가 갖추었을 때는 조직의 책임자로서 발휘해야 할 리더십이 있다.

톱의 명령 하나로 회사 전체가 움직이므로 전제적인 리더가 이상적인 리더십을 발휘하고 있는 듯 생각될 지도 모른다. 피리를 불어도 사원이 춤춰 주지 않는 회사의 경영자가 본다면 부러울지도 모른다.

그러나 이런 타입은 리더라기보다 독재자에 가깝다. 리더와 독재자의 큰 차이는 멤버의 자발성이나 능력을 끌어 내고 권한의 일부를 부하에게 위임하는가의 여부에 있다.

물론, 회사는 다수결로 정하는 민주주의로는 운영할 수 없다. 부하의 대다수가 반대하는 일이라도 책임자가 독단으로 정하지 않으면 안 되는 일도 있다. 그 경우에도 최대한 논의를 거듭하고 설득하기 위해 노력하는 것이 리더의 의무다. 또 리더는 부하가 능력을 갖추고 있으면 자기 권한의 일부를 주는 경우도 있다. 일이 너무 많아 분담하지 않으면 안 되는 경우도 있지만 부하를 키우기 위해서도 도움이 된다. 물론 이 경우에도 리더는 책임질 각오가 필요하다.

그런데 전제적인 리더가 매력적이라고 생각되는 것은 그 나름대로 업적을 올리기 때문이다. 의사 결정은 톱이 직접 행하므로 민첩하고 지시는 단순 명쾌하다. 일을 못하면 냉대받거나 해고되므로 무리를 해서라도 열심히 일한다. 스파르타 교육이 성과를 올리는 것과 같은 원리다.

그러나 이 타입의 경영자에게 이끌려 가는 회사는 반드시 한계가 있다. 불리한 정보는 보내지 않기 때문에 당치도 않은 판단미스를 하게 되고, 업적이 올라가도 일정 수준 이상은 올라가지 않는다. 회사 규모가 어느 정도 커지면 균열이 두드러진다. 경영자가 은퇴하면 업적이 급속히 저하된다. 이러한 원맨 경영자 아래서는 사원이 틀에 갇혀 자랄 수 없다. 규모가 커지면 회사 전체에 눈이 미치지 않게 되고 바톤터치할 만한 후계자를 육성하지 않기 때문이다. 독재자가 지배하는 나라가 일시적으로는 번영을 누려도 결국은 비극적인 막을 내리고 마는 것과 비슷하다.

진정한 리더십을 발휘한다면 사원의 자발성과 능력을 끌어내는 데 시간이 걸리거나, 부하에게 권한의 일부를 위임해 실패하는 경우도 있다. 후계자를 육성하다가 지위를 위협당하는 일도 있다. 그러나 그러한 비용이나 리스크가 있어도 결국은 본래의 리더십 쪽이 커다란 가능성을 갖고 있는 것이다.

사원의 자발성을 존중하여 육성하는 것은 끈기가 필요한 일이다. 기대한 대로 되지 않는 일도 있다. 그 중에는 비판적인 타입의 사원도 있다. 상사의 지시에 솔직하게 따르지 않거나 허튼 구실을 대어 반대하는 것이다.

그러나 한편으로는 조직을 활성화시키는 작용도 한다. 자기 밑에 예스맨만 모여 있으면 시야가 좁아진다. 회의를 해도 반대 의견이 나오지 않으면 상사의 단독 강연회로 끝나고 논의도 없이 행해진 결정은 독선적이 되기 쉽다. 생각지도 않은 사태에 부딪혀 좌절하는 것은 사전 논의가 부족한 경우가 대부분이다.

사내 서열이 높아질수록 면전에서 비판하는 사람은 줄어들기 때문에 상사를 비판하는 부하는 귀중해진다. 셰익스피어의 연극을 보아도 절대적인 권력을 가진 왕은 피에로를 옆에 두고 말하고 싶은 대로 하게 한다. 왕을 대신해서 본심을 토로하기도 하고, 야유를 해서 훈계하기도 한다. 순종만 하는 하인 속에 둘러싸여 있으면 독선적이 되기 때문에 면전에서 비판하는 피에로를 두었을 것이다. 비판적인 사람 또한 꼭 필요한 인재다.

미국 기업은 최고경영책임자라 하더라도 사외 중역을 포함한 대표이사회나 주주총회에서 비판을 받고 경영 책임을 다하지 못하면 해고당하는 것이 당연하다. 무엇보다 소비자라는 강력한 비평가도 있다. 일본 기업은 그러한 체크 기능이 빈약하므로 경영자는 사내 비판에 소중히 귀를 기울여야 할 것이다.

## '마음의 사각지대'가 판단을 그르치다

리더는 혼자서 중요한 결단을 해야 되는 경우가 있다. 판단을 돕기 위해 신뢰하는 부하의 의견을 듣거나 경험이 풍부한 선배에게 조언을 구하기도 한다. 외부의 전문가나 컨설턴트 활용도 필요하다. 그러나 최종 결단은 자기가 하는 것이다.

회사 업적을 크게 좌우하거나 존망에 관계되는 결정적인 기로에서 있을 때, 자기 이외의 누군가에게 의지한다는 것은 불가능하다. 실패해서 자신이 경영자를 사임하는 것만으로 끝나면 좋겠지만 회사 자체가 사라질 지도 모른다. 그렇게 생각하면 도망치고 싶을 정도의 중압감이 느껴진다.

조금 비약된 이야기지만, 1962년 10월에 발발한 쿠바위기 때 미국의 케네디 대통령은 결단을 내려야만 했다. 미국의 바로 코앞에 있는 쿠바에 소련이 핵미사일 기지 건설을 시작했다. 그것을 허용하면 일방적으로 옆구리에 총을 조준당한 채 소련과 냉전 게임을 하지 않으면 안 된다. 당시 미국도 소련도 대륙간 탄도미사일을 가지고 있지 않았기 때문에 미국과 가장 가까운 곳에 핵기지를 설치한 소련이 압도적으로 유리해지는 셈이다. 소련은 수송선을 동원하여 기지 건설 자재를 계속해서 쿠바로 운반했다.

케네디 대통령은 해상 봉쇄를 결단했다. 쿠바로 향하는 소련의 수송선을 금지시킨 것이다. 이미 쿠바에는 핵기지의 일부가 완성되어 있었다. 핵미사일이 미국을 향해 날아올지도 몰랐다. 그렇게 되면 미국도 핵으로 반격하지 않을 수 없었다. 핵폭탄으로 싸우는 제3차 세계대전이 발발한다면 세계가 멸망할지도 모르는 순간이었다.

그러한 운명의 갈림길에서 케네디 대통령은 미군에게 해상봉쇄를 명령했다. 세계는 소련의 반응을 침을 삼키며 지켜보았다. 소련의 후르시초프 수상은 어떻게 나왔을까? 이렇게 엿새가 지나 소련은 쿠바의 미사일 기지 철거를 통고했다. 그 후 미국과 소련의 수뇌는 직통 핫라인을 설치했고, 동서의 냉전은 화해로 향하고 핵전쟁 위기는 급속히 잦아들었다.

실로 최선의 결단이었다. 리더십은 의연히 결단하는 것이 아니라, 최선의 결단을 하는 것이다. 물론 누구나 결단할 때는 최선의 선택이라고 생각한다. 모든 선택 항목을 고려한 끝에 이 길밖에 없다는 결론을 내린다. 그러나 정말 그럴까?

회사가 궁지에 몰리거나 도산하는 것은 결국 경영자의 판단미스가 원인이다. 여러 가지 변명이 있어도 생각해 보면 틀림없이 더 좋은 선택이 있었을 것이다.

리더의 판단미스는 불충분한 정보, 잘못된 예측 등 본인의 능력 부족도 있겠지만 가장 많은 이유는 선입관이나 편견에 좌우되는 것이다. 지금까지는 결단을 내리지 못할 때 강경한 길을 택하여 성공해 왔다, 타사의 동향에 추종하고 있으면 틀림없었다 등등. 그러나 지금까지의 경험으로 봐서는 처리가 곤란하니까 중대한 결단을 해야 하는 것이다.

사람의 판단을 둔하게 하는 선입관이나 편견을 나는 사각지대라 부른다. 사람들은 자신의 시야에 들어오는 것은 모두 보고 있다고 생각한다. 실제로는 시야의 중심에서 바깥쪽으로 20도 정도 떨어진 곳에 사각지대가 있다. 안구의 안쪽에 있는 망막은 이 부분만은 비치지 못하기 때문이다. 사람의 마음에도 자기가 알아채지 못하는 사각지대가 있다. 그것을 깨닫지 못하기 때문에 생각지도 못하는 함정에 빠지는 경우가 있다.

원래 인간은 사물을 객관적으로 보고 있는 듯해도 사실은 자기가 보고 싶은 것밖에 보지 않는다. 그 사실을 깨닫기만 해도 문제의 반은 해결된 것이다. 겸허하게 남의 이야기에 귀를 기울여, 보고 싶지 않은 것도 수용하여 시야를 넓힐 필요가 있다.

리더는 어떤 의미에서 상당히 고독한 존재다. 최종 결단을 하고 그 책임을 스스로 지지 않으면 안 된다. 그렇기 때문에 시야를 좁히는 일을 해서는 안 되는 법이다. 실패를 피하고 싶다면 입장이 다른 많은 사람들과 논의를 거듭해 선입관과 편견을 자각하여 마음의 사각지대를 커버해야 할 것이다.

## 경직된 시스템을 재생하다

조직이라는 것은 강의 흐름과 같아서 내버려두면 오랫동안 상류에서 흘러온 모래나 돌이 퇴적하여 정체된다. 그대로 두면 강의 깊이가 얕아져 큰비가 아닌데도 범람한다.

말하자면 조직은 합리적으로 움직이고 있는 듯 보여도 실은 지금까지의 전례나 인습, 기득권 등이 쌓이고 쌓여 비합리적이 되거나 효율이 떨어질 때가 있다. 유연성을 잃고 경직화되는 것이다.

역사가 오래된 곳일수록 경직되는 경향이 있다. 관공서가 그 좋은 예다. 무언가 새로운 일을 시작하려고 하면 관계법령을 뒤엎고 조사하고 전례는 없는지 찾아다니고 이해 관계자나 의원에게 사전 협의를 하러 다닌다. 이런 번잡한 생각을 할 정도라면 깨끗이 없애는 편이 낫다. 이런 이유로 관공서 일은 엉덩이가 무겁다.

그래도 관공서는 경쟁 상대가 없는 독점사업이기 때문에 큰 무리는 없지만 민간 기업이라면 당장 무너지고 만다. 리더는 끊임없이 조직에 생명을 불어넣어 조직의 경직화를 피해야 한다.

그러기 위해서는 각 부문이 고정된 틀 속에 빠지지 않게 새로운 자극을 부여해야 한다. 새로운 목표를 마련하거나 표창 제도를 실시하고 캠페인을 개최하는 일 등도 조직을 활성화하는 데 효과적이다.

조직 개편도 검토해 보면 좋다. 지금은 아무런 불편이 없다 해도 정체의 징조가 보이면 과감하게 조직을 재편성하는 것이 좋다. 영업부문과 기획부문은 업무 내용이 다르지만 통합하면 어떻게 될까? 사용자의 소리를 반영한 제품개발이 촉진된다는 효과도 기대되지만, 그 이상으로 종래 일의 흐름을 재편성하는 일이 중요하다.

퇴적물로 흐름이 나빠진 강을 준설하거나 새롭게 운하를 파는 것처럼 지금까지 답습해 온 전례를 재평가하고 전통적으로 이어 내려왔던 인습을 부수어 합리적이고 효율적인 새로운 시스템을 만드는 것이 가능할 것이다.

업적이 순조롭고 안정된 회사라면 업적이 나쁜 부문에 과감하게 우수한 인재를 투입하는 방법도 있다. 우수한 인재는 인기부문에 모이기 쉽지만 그 인재를 실적이 저조한 부문으로 돌리는 것이다. 귀중한 인재를 낭비한다는 의미가 아니다. 오히려 짐으로 여겨졌던 부문을 회복시켜 인재에 의해 조직이 새로 태어날 수 있다는 사실을 입증하게 되면 회사는 자극을 받는다.

이러한 조직 개혁은 톱 다운의 일이다. 무엇보다 스피드가 중시되는 지금, 사내 직원만으로 감당할 수 없으면 외부경영 컨설턴트에게 개혁안을 내게 하는 경우도 있다. 친숙해진 일이나 시스템을 완전히 바꾸는 계획에 대해서는 아래에서 올라오는 제안은 기대할 수 없을 것이다. 관공서 사람에게 관공서 개혁을 제안시켜도 근본적인 개혁은 기대할 수 없는 것과 마찬가지로 톱이 단행하는 수밖에 없다.

또 조직이 완전히 경직된 후에는 개혁에 착수해도 활성화되기 어렵다. 사원들이 회사란 이런 것이라고 믿어 버리기 때문이다. 회사가 활력을 잃기 전에 선수를 치고 자극을 주어 재생시키는 것도 리더의 수완이다.

## 장로(長老)와 리더십

내가 지금까지 서술해 온 리더십이 너무 미국식이라고 생각할 지 모른다. 일본지사는 전통적으로 가족적인 경영으로 연공서열과 종신고용이라는 인사시스템이 골격에 있어 톱다운보다 바텀업을 중시한다. 이 때문에 경영자는 가능한 한 참견하지 말고 부하에게 맡겨야 한다는 사고방식이 뿌리 깊다.

나는 일본 회사에 근무한 경험이 없어서 정확한 것은 모르지만 일본 기업의 가족적인 분위기는 지내기에는 편한 듯하다. 능력이나 업적의 차이가 있어도 대우에 큰 차이는 없으며 어지간한 실패가 없으면 정년까지 생활이 보장된다. 상사는 부모처럼 보살펴 주고 선배와는 형제 관계와 같은 연대로 맺어진다. 이와 같은 강한 가족적 연대가 일본 기업의 특징이며 기적적인 경제 성장의 원동력이라고 지적된 적도 있다.

그런 일본 기업의 톱 경영자는 일족(一族)을 이끄는 장로(長老)와 같은 존재일지도 모른다. 대외적으로는 회사를 대표하지만 실권은 각 부문의 책임자에게 물려주고, 올라오는 결재는 어지간한 것이 아닌 한 반대하지 않는다. 부문 간에서도 분쟁이 있으면 중재에 나서지만 조그만 일에는 간섭하지 않는다.

사원의 입장에서 본다면 동료의 권익을 침범하지 않는다는 기본적인 매너와 회사의 금기사항에 저촉되지 않으면 커다란 재량은 현장에 맡겨져 있다. 운 나쁘게 성격이 안 맞는 상사와 만나는 경우가 아니라면 그만큼 일하기 쉬운 직장은 없을지 모른다.

그러나 싫든 좋든 그런 목가적인 분위기는 과거의 일이 되고 있다. 일본 기업의 전통으로 되어 있는 연공서열과 종신고용이라는 인사시스템은 2차대전 전에는 관공서과 대기업에서밖에 볼 수 없었다. 당시 샐러리맨은 적었지만 그 중에서도 일부만이 혜택을 입고 있었던 것이다. 2차대전 후에도 세월이 지나 안정되고 나서 많은 회사가 이 시스템을 도입하게 되었지만 그것도 50년이 안 되는 역사다.

연공서열과 종신고용이 대부분의 회사에게 가능하게 된 것은 일본 경제가 지속적인 성장을 계속했기 때문이다. 회사가 업적을 올리면 사원의 급료를 평등하게 올릴 수도 있었고 정년까지 돌보는 일도 가능했다. 지극히 드문 일이지만 일본 경제는 반세기 가까이 거의 일관되게 성장을 계속했기 때문에 사회보장적인 인사시스템을 지속할 수 있었다.

일본 회사의 의사결정 시스템에도 지극히 일본적인 특수성이 배경에 있다. 2차대전 후 기업 활동은 규제와 보호에 의해 큰 틀이 끼워졌다. 법령에 기초한 규제에서 행정지도, 금융정책 면에서의 콘트롤 등 소위 일본주식회사론이다. 포장도로를 깔고 그 길을 달리면 순조롭게 갈 수 있었다. 대부분의 경영자는 굳이 길에서 벗어나 모험을 할 필요가 없었던 것이다. 그러한 환경에서는 경영자의 수완을 묻거나 리더십을 요구할 기회도 적었다.

그러나 일본 기업을 지탱해 온 경제 성장은 정체기에 접어들어 규제나 보호는 서서히 없어지고 환경이 크게 변화하고 있다. 연공서열과 종신고용은 옛 이야기로 정규사원을 줄이고 파트타임 종업원을 늘이거나 인사조치 등으로 실질적으로는 40세 정년제를 이행하는 회사도 적지 않다. 규제가 없어져 경쟁이 격화되면 지금까지 누구도 발을 들여놓은 적이 없는 황야에서 비즈니스 기회를 노려야 할 필요가 있다. 이 때 경영자의 수완과 리더십이 요구될 것이다.

이러한 변화가 진행되어도 일본 기업의 가족적인 경영이 유지될 수 있을까? 나는 일본적 경영을 모두 부정하는 것은 아니다. 거기에 익숙해진 사람이 있어서 그대로 해나갈 수 있다면 문제는 없을 것이다. 그러나 시스템을 지탱해 온 환경이 바뀌면 종래의 시스템을 존속시키는 것은 어려울 것이다. 변혁하지 않으면 탈락할 위험이 있다.

예를 들어, 신속한 의사결정이 필요할 때 사전 협의와 논의를 거듭하고 있는 동안 시기를 놓쳐 버리지는 않는가? 고통을 동반하는 사내개혁이 임박했을 때, 톱 경영자는 강력한 반대를 물리치고 개혁을 단행할 수 있는가? 지금까지의 성과를 백지화할 정도로 대담한 경영전략 전환을 누가 결단내릴 수 있는가?

일본인의 머리는 원래 유연하고 환경의 변화에 적응하는 능력도 뛰어나다. 그러한 사람들의 집합체인 조직의 자기변혁 능력 또한 결코 떨어지지 않을 것이다. 시대에 뒤처지지 않기 위한 리더십 중심의 시스템 재편성은 급선무이다.

다음 장에서는 리더십의 실례를 소개한다.

# 빛나는 21세기, 일본은 이렇게 부활한다

## 왜 미국은 소생했는가?

**오타케:** 빅뱅에 대응할 수 있는 리더가 일본에 있는지 생각하면 비관적이 될 수밖에 없습니다. 이제 '외국 지식인의 지혜'를 빌리는 수밖에 없다고 생각합니다.

**펠드먼:** 일본 국민의 지적 수준은 상당히 높아서 무엇인가를 하고자 할 때는 확실하게 합니다. 리더 부재는 오히려 정치적, 정책적인 피드백 구조가 작용하고 있지 않아서가 아닐까요? '이런 정치는 안 된다'고 불평하면서 투표하러 가지도 않아요. 그래서는 아무것도 할 수 없지요. 학습 효과는 중요합니다. 미국 국민에게는 닉슨 대통령을 선택해서 실패했다는 반성이 있었습니다. 그 실패를 교훈으로 다시 일어난 셈입니다.

**오타케:** 그렇다고 해도 미국이 그렇게 단기간에 소생하리라곤 상상도 못했습니다. 미국이 부활할 수 있었던 것은 레이건 대통령 덕분이지요.

그가 강한 지도력으로 대폭적인 감세 정책을 폈을 때 '헐리우드 스타가 무엇을 할 수 있느냐'며 비판했지만, 지금은 일본에서도 '레이건에게 배워라'고 하기 시작했습니다.

**펠드먼:** 레이건에 앞서 카터에게 리더십이 있었는지는 둘째 치고, 그는 규제완화를 했습니다. 거기서 생긴 경쟁에 의해 여러 가지 자원 절약과 재분배가 가능했습니다. 또 경쟁 결과, 기술이 일보 진전했습니다. 그러자 다른 기술도 잇따라 발전했습니다.

**오타케:** 새로운 산업의 탄생이군요.

**펠드먼:** 좋은 의미에서의 '다람쥐 쳇바퀴 돌기'입니다. 규제완화와 기술개발의 반복이 미국에서는 20년 정도 이어지고 있습니다.

**오타케:** 그런데 일본에서는 규제완화를 재촉하면 '이지매'라는 피해의식을 가지고 맙니다.

**펠드먼:** 그런 의미에서 지금 장래에 대한 비관론이 넘치고 있습니다만, 나는 그렇게 생각지 않습니다.

**오타케:** 그렇습니다. 얼마 전 일본을 방문한 영국의 블레어 수상도 '이 정도 가지고 슬퍼할 필요는 없다'고 했습니다. 백년 동안의 역사를 되돌아 보아도 일본은 메이지유신을 이룩하고 나서 50년 안에 세계 열강에 들어갔습니다. 제2차 세계대전에서 큰 타격을 받았지만 40년도 채 안 되어 세계 제일의 채권국가로 올라섰습니다. 바로 그 시기에 미국은 채무국으로 전락했습니다. 이 정도로 일본인은 지혜도 있고 체력도 있습니다. 나라가 지금이라도 침몰할 것 같다고 생각해서는 안 됩니다.

## 슈왈츠코프의 리더론에서 배운다

**오타케:** 요미우리 신문이 미·일 양국에서 '일본과 구미의 리더십의 차이'에 대한 여론조사를 했는데 흥미로운 결과가 나왔습니다. "리더에게 가장 요구되는 자질은 무엇인가"라는 질문에 대해 일본은 '지도력'이 54퍼센트(복수회답), '결단력'이 52퍼센트로 나왔습니다. 한편, 미국은 '윤리감'이 1위로 63퍼센트에 달하며 '잘 보살핌'과 '깊은 신앙심'의 순입니다.

**펠드먼:** "(지도자는) 신의 가르침을 언제나 자기의 행동에서 설교해야 한다"는 성프란체스코(1181~1226)의 말이 생각납니다. 그러한 의미에서 미국에서는 윤리감이 가장 높은 위치에 있게 되는 것입니다. 존경할 수 있는 사람이 톱이 되었으면 하지요.

**오타케:** 일본인은 스스로 의사결정을 하고 싶어 하지 않는 국민이라고 할까요? 언제나 누군가가 결정해 주기를 바랍니다. 미국의 텔레비전 프로그램을 보면 잘 알 수 있습니다만, 미국은 시청자에게 문제를 제기하고 프로그램이 끝나는 경우가 많습니다. '이제부터는 당신 스스로 결정하세요'라고 판단을 맡깁니다. 그런데 일본에서는 판단은 타인에게 맡깁니다. 카리스마가 있는 사람을 추구하는 것입니다. 타입은 다르지만 마쓰시다 고노스케(松下幸之助), 다나카 가쿠에이(田中角榮)와 같은 사람을 원합니다.

**펠드먼:** 그러한 국민성의 차이가 있지요.

**오타케:** 리더에 대해 어떤 사람이 이런 비유를 했습니다. 미국인과 독일

인, 일본인이 함께 팀을 짤 경우 '장군은 미국인, 영관(領官)은 독일인, 하사관은 일본인이 적임'이라고. 우두머리는 미국인, 넘버 투가 독일인으로 이론적인 것을 수립하고 일본인은 하사관으로 충실히 실행한다는 의미입니다.

어느 정도는 수긍이 갑니다. 미국인은 상당히 전략적으로 기상천외한 일을 합니다. 독일인은 지시받은 일을 확실하게 이론으로 무장하고, 일본인은 지시받은 일을 빈틈없이 합니다. 너무나 근면하니까요.

**펠드먼:** 오타케 회장은 '리더와 매니저'의 차이점에 대해 말씀하셨지요.

**오타케:** 걸프전쟁에서 활약한 슈왈츠코프 씨의 강연을 인용했습니다. 슈왈츠코프 씨는 "리더는 글자 그대로 〈사람〉을 리드한다. 그 사람의 의욕을 북돋워 그 사람이 평소에 하지 않는 일을 기쁘게 하게 만드는 것이 리더이다. 매니저가 관리하는 것은 시스템으로 그는 때때로 있는 그대로의 인간을 자주 잊어버린다"고 두 가지 타입을 분석했습니다.

**펠드먼::** 그렇군요.

## 계속 승리하는 경영

**오타케:** 내가 펠드먼 씨의 강연을 처음 들었을 때, '지(知)의 힘'과 '부가가치'를 강조하였습니다. 요약하면, 하청업체로부터 부품을 모아 조립하여 수출만 해서는 안 된다는 지적이었습니다.

**펠드먼:** '조립'이 아니라 그것을 어떻게 설계해서 싸게 만들 것인가 입니

다. 보잉사가 그렇지요. 그 회사는 비행기를 만든다고 생각하고 있었습니다만 거기서는 날개나 좌석, 레이더조차 만들지 않습니다. 부품을 모아 조립하는 회사도 아닙니다. 보잉사에서는 모든 부품이 순조롭게 기능하도록 설계를 합니다. 즉, '지적(知的) 소프트'를 중시하는 것입니다.

**오타케:** 부가가치군요. 그것이 지금 요구되고 있는 지혜라고 생각합니다. 지혜는 형태가 없는 것이지만 없는 것을 형태화시키는 '지(知)의 힘', 이것이 가장 중요합니다.

**펠드먼:** 그렇군요. 부가가치의 소중함을 몰라서는 안 되겠군요.

**오타케:** 금융기관도 좋은 금융상품을 만들면 특허신청이 가능할 지도 모릅니다. '금융소프트'입니다. 일본도 미국의 요청으로 그러한 법률을 만들려고 하고 있습니다. 그러한 금융상품에 특허가 인정되면 독점상품이 됩니다. 지적소유권자가 승자가 됩니다.

**펠드먼:** 예.

**오타케:** 그리고 '승자와 패자'에 대해 쓰셨지요.

**펠드먼:** 그것은 미국의 심리학자인 에릭 반의 학설입니다. 간단히 말하면, '승자란 자기가 졌을 경우에 어떻게 할지 계획을 세우고 그것을 타인에게 말하지 않는 자. 패자란 졌을 때 일을 생각지 않고 이겼을 경우 어떻게 될까를 상상하여 남에게 말하는 자'라는 정의입니다.

**오타케:** 승자는 항상 최악의 시나리오를 생각하고 있습니다. 당사의 미국 CEO(최고경영책임자)도 최악의 시나리오에 대한 준비를 잊지 않습니다. 일본 기업과 달리 주주에 대한 책임을 중시하고 있으니까요.

**펠드먼:** 오타케 회장은 '살아 남기' 라는 말을 가장 싫어하시죠?

**오타케:** 그렇습니다. 너무나도 소극적이지요. 나는 '계속 승리하는 경영'이 중요하다고 생각합니다. 그를 위해 리더는 어떻게 해야 하는가 하면, 경영을 공개하여 투명성을 늘여가는 수밖에 없습니다. 해외의 우수한 인재를 경영에 참가시키는 것이 필요하다고 주장하는 것도 그것과 관계됩니다.

**펠드먼:** 이것도 품종개량입니다.

**오타케:** 사외중역의 등용이라도 좋습니다. 미국 AFLAC주식회사에는 17명의 임원이 있습니다만 사내 임원은 나를 포함해 4명, 나머지 13명은 사외 중역입니다.

## 누구에게 급료를 받고 있는가

**펠드먼:** 역시 제도를 만드는 방법이 기본부터 다르다는 느낌도 듭니다. 일본은 '인간은 나쁜 짓을 하지 않을 것이다' 는 '성선설' 을 기준으로 제도를 만들고 있습니다. 미국은 반대로 '인간은 나쁜 짓을 하니까' 라는 '성악설' 로 제도를 만들고 있습니다. '인간은 나쁘다는 전제하에 제도를 만들면 사회는 좋아진다' 는 것이 아담 스미스의 사고방식입니다.

**오타케:** 금융 사고 등을 성악설을 바탕으로 규칙을 만들었다면 일어나지 않았을 겁니다. 또 누가 책임져야 할 것인지도 명백해집니다. 지금 일본의 구조는 이 부분이 애매합니다.

**펠드먼:** 결국, '기업은 누구를 위한 것인가'라는 점이지요.

**오타케:** 공공재산입니다. 회사는 소비자의 것입니다. 소비자가 우리 경영자들의 파트너지요.

**펠드먼:** '소비자로부터 급료를 받고 있다'는 사실입니다. 소비자가 보스이며 단골손님입니다. 그 시점을 관철하지 않으면 그때부터 기업은 움직일 수 없습니다.

**오타케:** 실제로 24년 전 같은 체험을 했습니다. AFLAC일본지사를 만들어 일을 시작했을 때는 직원이 10명밖에 없었습니다. 어느 날 아침 회사에 가자 미국인 직원이 쓴 종이가 모두의 책상에 놓여 있었습니다. 종이에는 '급료는 도대체 누구에게 받고 있는지를 생각해 본 적이 있습니까?'라고 적혀 있었습니다. 그 때는 몰랐습니다만 정답은 펠드먼 씨가 말씀하신 대로입니다.

**펠드먼:** 덧붙여 앞으로의 기업 생존방법을 말하자면 조금 전 회장님이 말씀하신 '공개'와 '수치목표'로 전환하는 일입니다. 특히 수치목표는 이른바 '최대의 퍼포먼스' 경제가 되기 위해 목표를 세웁니다. 이케다(池田) 내각 시절 '소득배증론'이 있었습니다. 케네디 대통령 때는 '모두 달나라에 가자'였습니다. 그러한 알기 쉬운 목표 없이 '최대의 퍼포먼스'는 있을 수 없습니다. 그리고 앞으로의 '최대의 퍼포먼스'는 '고령화사회'입니다. 문제는 그것을 국민에게 어떻게 설득하는가인데, 조금은 협박이 필요합니다. '연금을 지불할 수 없게 됩니다'라고 말입니다.

**오타케:** 1980년대에 미국 기업은 군살을 뺐습니다. 미국에는 '하지 않는 경영'이라는 말이 있습니다. 적자 부문을 잘라버리는 경영을 말하지

요. 그것과 '고객서비스'라는 말이 자주 입에 오릅니다만 거기에는 우선 종업원을 소중히 하는 일이 있습니다. 그 점에서 나는 미국의 서비스 마스터사에 감동했습니다.

**펠드먼:** 이름은 들은 적이 있는 것 같군요.

**오타케:** 이 회사 사장의 경영 방침은 '사원을 존경한다.' 그리고 리더의 가장 큰 일은 '부하를 인간적으로 성장시키는 것'입니다. 훌륭하지 않습니까? 리더의 중요한 임무는 부하를, 사원을 소중히 하고 성장시키는 일입니다. 최고의 서비스란 회사를 도산시키지 않는 것, 기업을 지키는 일이기 때문에 앞으로 리더의 책임은 너무나 무겁습니다.

### 로버트 앨런 펠드먼 프로필

1953년 미국 출생. 1976년 예일대학에서 경제학을 배우고, 일본연구로 학위를 취득. MIT로 진학. 1983년 경제학으로 박사학위취득. 뉴욕연방준비은행, IMF를 거쳐 1989년 국제투자은행 솔로몬 부라더스에 입사. 현재 모건 스탠리 증권(도쿄)의 매니징 디렉터 겸 이코노미스트.

# 04

## 리더십을 실천한다

### -리더들의 실상

행복하게도 나는 우수한 리더를 많이 알고 있다. 그 지식이나 식견은 표현할 수 없을 정도며, 인간적으로도 실로 훌륭한 분들이다. 그리고 주위에 큰 영향을 준다. 리더는 살아있는 교과서다.
이 장에서는 그들이 어떤 사고를 하는지, 무엇을 믿고 있는지, 어떠한 아이디어를 낳았으며, 중요한 결정을 해야 할 때 어떤 판단을 내렸는지, 그 실례를 소개한다.

나는 현대의 리더 중에서도 다음에 소개하는 세 명에게 강한 흥미를 느끼고 있다. 내가 목표로 하는 리더십은 이 세 명을 의식하고 참고로 한 것이라고도 할 수 있다.

# 01 리더로서의 구심력을 연마하다

−콜린 파월

## 미국을 지탱한 두 리더

결단과 책임은 리더의 절대조건이지만 그 실천은 꽤 어렵다. 특히 한 나라의 리더에게 전쟁의 개시결정이 위임된 경우는 그 결단이 국민의 생명과 재산의 행방에 중대한 영향을 주는 만큼 고뇌는 깊다.

자서전 『마이 아메리칸 자니』(角川서점)의 저자로서 알려진 콜린 파월은 이전에 미국 국방성의 통합참모본부의장이었다. 그는 걸프전쟁을 승리로 이끈 인물로, 나는 그의 자서전에 감동했다. 일본에서도 일본경제신문사 주최 심포지움의 연사로 초대되어 많은 사람에게 감명을 주었다.

걸프전쟁에서 일약 영웅이 된 인물에는 또 한 사람, 전선에서 지휘를 잡았던 슈왈츠코프 중동파견 미군사령관이 있다.

파월의 자서전에도 밝혀져 있지만, 슈왈츠코프는 꾸밈없는 직언을 하는가 하면, 부하도 가차없이 꾸짖는다. 대단한 수완가인 반면 고집불통으로도 유명했다. 그러나 아무리 욕을 퍼부어도 부하들의 신뢰는 결코 흔들림이 없었다.

나는 1993년 가을, 운좋게도 뉴올리언즈에서 슈왈츠코프의 강연을 들을 기회가 있었다. 그는 이렇게 말했다.

> 리더가 되기 위해 필요한 것은 뛰어난 윤리관, 도덕관, 리더에게 걸맞는 설득력, 판단력이다. 그리고 그 위에 부하로부터 존경받는 것이 무엇보다 중요하다.

어쨌든 존경하는 마음 없이는 타인으로부터 자발적인 의욕을 끌어낼 수 없다는 것이다. 이것은 너무나 중요한 점이다. 걸프전쟁의 보도에서 슈왈츠코프의 캐릭터는 실로 알기 쉽고 믿음직스럽게 비춰졌다. 전선의 영웅이므로 매스컴에서도 시종 호의적으로 다루었다.

한편 파월은 전쟁의 시작, 수행, 종결이라는 일련의 중대한 전략을 결정했다. 그러나 군인이었다 해도 전쟁의 포화가 미치지 않는 워싱턴에 있었기 때문에 '전투를 싫어하는 군인'이라는 당치도 않은 중상모략을 받았다.

재미있는 것은 두 사람의 입장 차이이다.

슈왈츠코프는 50만 명의 중동파견군의 목숨을 맡고 있는 현장 지휘관이다. 한편, 파월은 당시 조지 부시 대통령의 위신을 지키는 입장에 있으며 소위 2억 미국민의 이익을 대표하는 역할을 하고 있었다. 50만 명의 소리를 대표하는 슈왈츠코프의 주장은 절실히 느껴지지만 그것 때문에 대통령의 위신에 상처를 주어서는 안 되었다.

파월은 군(軍)을 초월해 국정이라는 시점에서 판단하고 이해조정을 할 수밖에 없었다. 경제제재만으로는 이라크가 쿠웨이트로부터 물러가지 않을 것 같으면, 대통령이 망설이지 않고 전쟁을 결정할 수 있도록 모든 것을 저울에 달아 어느 쪽이 무거울까라고 체크하는 임무를 담당했던 것이다. 이러한 파월의 업적은 슈왈츠코프처럼 화려하게 칭송받지는 않았지만 시간과 함께 무게를 더해 미국민의 뜨거운 존경을 얻기에 이르렀다. 클린턴 이후 흑인 최초로 대통령에게 촉망 받게 된 것이다.

리더의 타입은 다양하지만, 이러한 영웅이 많이 배출되는 나라의 국민은 마음이 든든할 것이다.

### 자원봉사활동

파월은 1993년에 퇴역하여 각지로 강연을 하러 다니는 한편, '미국의 약속'이라는 민간자원봉사단체의 의장을 맡고 있다.

나는 이 사실을 알고 과연 그렇구나 하고 납득한 점이 있었다.

'미국의 약속'이 추진하는 활동은 ① 어린이나 젊은이들에게 가족의 가치관을 가르친다 ② 마약이나 폭력 등의 범죄로부터 어린이를 지키는 안전한 사회를 만든다 ③ 의료보험 보급이나 어린이의 백신 접종 촉진에 공헌한다 ④ 컴퓨터 등 어린이가 사회에 나와 필요한 기술을 몸에 익힌다 ⑤ 젊은이에게 청소 등 사회에 봉사하는 일을 가르친다 등의 다섯 가지이다.

'미국의 약속'에는 파월을 정점으로 부시 전 대통령 등 화려한 직함을 가진 사람들이 다수 참가해 활동하고 있다.

30여 년 전, 미국대사관에 근무하던 미국인 친구가 직장을 팽개치고 자원봉사 활동을 나간 사건이 있었다. 당시 그런 일이 정말 있을까 하고 상당히 놀랐다. 용기를 내어 이 이야기를 하자 그 미국인은 드문 경우지만 놀랄 만한 일은 아니라고 말했다.

일본에서도 드디어 자원봉사활동이 활발해지고 있는 추세이다. 일을 조절해서 자원봉사에 시간을 할애하고 있는 비즈니스맨도 드물지 않게 되었다.

콜린 파월 같은 인물은 일본에서야말로 필요하다. 훌륭한 직함을 갖고 있어도 그것보다는 자원봉사활동을 통해 어린이에게 가족의 가치를 가르치고, 한 사람의 시민으로서 사회에 봉사하는 리더로서 활동한다. 이는 사람들로부터 진정으로 존경받는 리더이다. 이 점에서 앞에서 서술한 슈왈츠코프의 지적은 정말로 옳다.

가족을 방치하고 나간 사람은 성공할 수 없다. 2차대전 후 먹느냐 먹히느냐의 상황에서 출발한 우리 세대는 싫든 좋든 회사형 인간이 되지 않을 수 없었지만 남자들이 남편이나 아버지라는 역할을 두 번째라고 생각한 점, 여기에 현대사회가 안고 있는 여러 문제의 근원이 있다고 생각하지 않을 수 없다.

그것과 동시에 일본에도 존경받는 인물이 많이 등장하길 바라고 있다. 파월의 자서전을 읽고, 그가 시민형 사회의 바람직한 리더라는 생각을 강하게 하게 됐다. 소중한 본보기로 여겨 배우고 싶다.

02

# 실패에서 성공을 쟁취하다

– 데니스 호건

## 꿈이나 희망을 현실의 것으로

리더에게 일의 우선도를 정하는 것이 얼마나 중요한지는 이미 지적한 대로다. 실은 일의 '실패'로 모든 것을 잃은 사람이 이 '우선도'의 사고방식을 실천함으로써 다시 '성공'을 쟁취한 예가 있다. 오스트레일리아에 살고 있는 나의 친구 데니스 호건이 바로 그 주인공이다.

14세 때 아버지를 잃은 데니스 호건은 '지식과 기술로 살아가라'는 아버지의 유언을 충실히 지켜, 25세 때 오스트레일리아에서 세 손가락 안에 들어가는 우수한 성적으로 공인회계사 자격을 취득했다. 30세 때 실업가로 전신하자 이번에는 광산 경영을 비롯해 학교, 병원, 축구팀, 럭비 팀 등 실로 다양한 사업에 종사해 50세까지 호주 달러로 2억 달러라는 막대한 자산을 구축했다. 동시에 정부기관이나 개발은행, 방송국 등 25개 이상의 공적 조직의 이사 등을 역임하여 한 때는 수상후보라고 할 정도의 지위와 명성을 얻었다.

그런데 50세 때 사업 실패로 모든 재산과 명예를 잃었다. 집, 배, 헬리콥터까지 몰수당했는데 가족 명의의 포도원만이 유일하게 몰수를 면했다.

그로부터 5년. 데니스 호건은 그 포도원을 토대로 오스트레일리아에서 최고라 불릴 정도의 와인제조업자로 부활했다.

데니스 호건이 재기할 수 있었던 최대 이유는 우선 자신을 믿었다는 점이다. 그리고 쓸데없는 생각이나 걱정을 버리고 시간을 유효하게 활용한 점이다. 즉, 일에 우선도를 매겨 목표를 향해 한결같이 매진한 것이다.('일의 우선도'에 대해서는 이 책의 58페이지 참조)

그 기반에는 가족의 강한 연대가 있었다. 그때까지 자신의 비즈니스를 위해 희생되어 온 가족이 위기에 직면하자 일치단결해 경영에 참가했던 것이다. 그 중에서도 눈에 띄는 사실은 호건이 가족에게도 일의 목표와 우선도를 갖게 해 15년 계획을 작성시킨 점이다.

계획에 우선 '현상 페이지'를 만들어, 자신들의 현실은 어떻게 되어 있는지, 어떠한 방향으로 움직여 왔는지를 기재했다. 그 위에 '최종 목표 페이지'를 만들어 장래의 꿈이나 희망, 최고의 상태를 기입하도록 시킨 것이다. 가족은 자신들이 세운 목표를 실현하기 위해 지금 해야 할 일에 우선순위를 매겨, 가장 중요하다고 생각하는 상위 20퍼센트에 전력을 기울이고 나머지 80퍼센트는 잘라버리기로

했다.

최종 목표가 되는 최고의 상태. 이것을 비즈니스 세계에 적용하면 소비자가 가장 희망하는 것, 가장 필요로 하는 것을 제공하는 것이 된다. 그 중에서도 더욱 우선도가 높은 20퍼센트에 중심을 두고 전략을 짜는 것에 전력투구해야 한다고 데니스 호건은 말하고 있다.

## 냉정한 현상 분석이 성공을 이끌다

데니스 호건은 또 "우리는 냄비 속에 들어간 개구리와 같다"고 말한다. 갑자기 열탕 안으로 던져진 개구리는 놀라서 뛰어오른다. 그러나 물의 온도가 적당하면 가만히 앉아 움직이지 않는다. 냄비에 불을 지펴 물이 서서히 따뜻해져도 움직이지 않는다. 기분이 좋아서 계속 있다가, 미지근한 물이 열탕이 된 것을 깨달았을 때는 빠져나올 수 없게 되어 개구리는 죽고 만다.

이 점은 일에도 적용된다. 중요하지만 급하지 않다고 해서 그대로 방치해 두면 자신의 손으로 스스로의 가능성을 부수고 마는 것이 된다. 인생을 적극적으로 선택하려면 현상을 냉정하게 분석하여 그것이 생활이나 가정, 일에 어떤 영향을 미칠까를 생각하는 것이 중요하다.

데니스 호건과 그 가족은 15년간 버릴 것은 버린다는 과감한 선택을 함으로써 겨우 3년만에 목표를 달성했다. 단결력이 강한 가족이 목표를 세워 그것을 공유하면 상상도 못할 파워를 발휘하는 것이다.

데니스 호건의 회사에서는 가족을 포함해 겨우 십수 명의 직원이 거의 50명 분의 일을 해내고 있다. 사원을 가족 대하는 것과 똑같은 애정을 가지고 접하며 가족과 동일한 목표를 주고, 회사와 사원이 일체가 되어 개개인의 능력을 최대한으로 끌어내는 데에 성공한 것이다.

'실패는 성공의 어머니'라고 하듯이 실패는 인생에 있어서도, 비즈니스에 있어서도 성공을 획득하기 위해 불가결한 양식이다. 리더에게는 실패를 두려워하지 않는 강인한 도전 정신이 요구되는 법이다.

01

# 바라면 이루어지는 성공법칙

— 루 타이스

## 잠재능력을 끌어내는 연수 프로그램

"낙관주의자인 리더가 성공한다" 세리그먼 박사는 이렇게 지적하고, 감성지수인 EQ의 중요성을 설파했다.

실제 훈련을 통해 이 EQ를 높이는 교육연수프로그램을 개발한 인물이 있다. 표제와 같은 『바라면 이루어진다』(日經BP社)의 저자인 미국인 루 타이스다.

타이스는 나의 절친한 친구로 고교의 풋볼코치이기도 했다. 선수를 지도한 경험을 지역이나 기업 사람들에게 알리고자 1971년 워싱턴 주 시애틀 시에 아내와 둘이서 TPI(The Pacific Institute)를 설립했다.

고교생들을 잘 교육할 수 없었던 부부는 어느 날 사소한 것을 깨달았다. 학생들의 성장 가능성은 외부로부터의 강제적인 지도에 의한 것이 아니라, 그들 자신의 마음 속 잠재능력을 능숙하게 끌어내는 것이 아닐까? 즉, 학생들에게 자신의 꿈이나 목표를 그리게 해, 자신의 힘으로 그것을 향해 전진하도록 지도한 것이다. 그들의 잠재능력을 믿고 계속 효과적으로 사색하고 그들 스스로 자발적으로 실행하도록 했더니, 학생들은 부모도 놀랄만큼 눈부신 변화를 보이기 시작했다. 이 교육 효과를 들은 부모들은 자신의 직장이나 기업에도 이 사고법을 도입시킬 수 없는지 생각하게 되었다.

타이스 부부는 이러한 요망에 응해 TPI를 설립하여, 교육 현장에서 기업이나 행정기관으로 활동의 장을 확대시켜 갔다. 그 구체적인 방법은 1980년 IIE(Investment In Excellence)라는 커리큘럼으로 정리되었다. 이것은 미국 국내는 물론 12개 언어, 42개국에서 총 200만 명의 사람들의 자기능력개발에 공헌해 왔다. 일본에도 1995년에 현지법인 TPI재팬이 설립되었다.

## 성공의 3가지 법칙

루 타이스에 의하면, 모든 성공법칙은 다음의 세 가지로 집약된다.

★ 사람이 무엇을 이룰 수 있는지는 그 사람이 갖고 있는 능력과 동일

한 정도의 신념에 의해 좌우된다.

★ 어떠한 조력을 얻을 수 있는가로 결과는 완전히 달라진다.

★ 의미 있고 영속성 있는 성장이나 변화는 우선 스스로의 마음 속에 싹을 틔우며 그 싹은 밖을 향한다.

이러한 동기 부여의 실례에 대해 루 타이스는『바라면 이루어진다』에서 슬럼프에 빠진 마라톤 선수의 에피소드를 소개하고 있다. 이 선수가 자신감을 회복한 것은 루 타이스의 다음과 같은 말 때문이었다.

> 당신은 달리지 않으면 안 되니까 달리고 있는 것이 아니다. 누구도 강요하지 않는다. 달리려고 생각하는 사람은 당신이고, 당신이 레이스에 나가는 것을 선택한 것이다.

그래도 실패나 역경은 찾아온다. 루 타이스는 같은 책에서 실패나 역경에서 벗어나기 위한 10가지 법칙에 대해 지적하고 있다. ① 현실을 인식하고 받아들일 것 ② 중대한 위험이 있다고 느끼면 도움을 청할 것 ③ 건강을 지킬 것 ④ 문제의 근원을 찾을 것 ⑤ 책임진다고 선언하고 실행할 것 ⑥ 자기와의 대화를 콘트롤할 것 ⑦ 도움을 구할 것(어디까지나 긴급한 것) ⑧ 목표를 설정하여 경과를 더듬고 확인할 것 ⑨ 후퇴했을 때 어떻게 대처할지 알아둘 것 ⑩ 밝은 쪽으로 걸어갈것 등이다.

결국, 목표에 실체를 부여하는 것은 사고방식이다. 이 사고방식은 리더에게 있어서는 리더십 그 자체이며, 이를 통해 조직은 목표를 구체적으로 달성해 간다. 조직에 있어서 리더의 의식은 발전의 원동력인 셈이다.

04

# 내가 실천하는 리더십

## 리더는 다음 세대의 리더를 육성한다

여기에서는 나 자신의 체험을 소개하고 싶다. 거기에 리더의 구체적인 모습이 보여지기 때문이다. 1986년 내가 AFLAC(아메리칸 패밀리 생명보험회사) 일본지사 사장으로 정해졌을 때, 창업자인 고(故) 존 B. 에이모스는 나에게 이렇게 말했다.

당신에게 있어서 가장 중요한 일은 다음 대의 사장을 선출하는 것이다

이제 막 회사의 톱이 되려는 사람에게 후계자를 뽑는 일이 가장

중요한 일이라니, 의기양양했던 기세를 꺾어버리는 아주 이상한 이야기로 들릴지도 모른다. 그러나 나는 이것이야말로 기업의 톱 경영자에게 부과된 최대 임무의 하나라고 생각했다. 다음 대를 담당할 리더를 육성하는 일은 기업이 존속하고 발전해 가기 위한 절대조건이기 때문이다.

나는 또 부사장 시절, 창업자로부터 '회사의 일생'이라는 테마의 기사를 받았던 적도 있다. 미국의 저명한 증권 분석가인 게이비 A. 맨도우저가 쓴 그 기사는 기업의 일생을 인생에 비유해 탄생기, 소년기, 청년기, 성숙기, 쇠퇴기의 각 단계에서 사업가가 어떤 리더십을 발휘해야 하는지에 대해 설명하고 있었다. 맨도우저에 의하면 각 시기의 과제는 다음과 같다.

★ **탄생기** – 기업 창립 아이디어가 가치 있는 것이라는 사실을 입증하기 위해 사업가는 자원을 아낌없이 투자하여 단호한 결정을 내려야 한다.

★ **소년기** – 인생에서 소년기와 마찬가지로 기업의 소년기도 위험에 끝없이 노출되어 있다. 사업을 존속시키기 위해 사업가는 희생정신을 가지고 끈기있게 일에 부딪쳐야 한다.

★ **청년기** – 급속한 성장에 대응하기 위해 사업가는 자신의 권한을 부하에게 물려주고 규율을 확립하여 확고한 조직·체제를 정비해야 한다.

★ **성숙기** – 기업을 더욱 크게 성장시키기 위해서는 회사 조직의 성

격을 바꿀 필요가 있다. 직감에 의지했던 인간미 넘치고 창업 정신이 풍부한 기업에서 탈피하여 비즈니스다운 행동 원리에 기초한 경영이 이루어지는 기업을 향해 장기적인 목표를 명확하게 설정해야 한다.

★ **쇠퇴기** – 리미트리스 리더십, 기업이 쇠퇴기에 들어가기 전에 사업가는 선견지명과 스스로의 의지로 후계자에게 뒤를 의탁해야 한다. 회사가 영원히 활력을 지니면서 성장하여 언제까지나 젊음을 유지하기 위해 불가결한 조건이다.

경영자가 각각의 시기, 단계에서 무엇을 해야 하는지 알려주기 위해 창업자는 나에게 이것을 읽게 했다. 실로 표적을 맞춘 지적이며 조언이었다.

## 기업은 사회적 공기(空器)

기업을 항상 올바른 방향으로 이끌고 어떠한 역경에 직면해도 포기하지 않고 목표를 달성하도록 만드는 것이 리더의 임무다. 그것이 기업의 번영을 촉진하고 쇠퇴를 피하는 왕도이기도 하다.

사장을 비롯한 기업의 임원은 주주로부터 선발된 존재며, 일종의 계약에 의거한 임원직에 지나지 않는다. 계약이란 일의 임무나 목표 등의 약속을 정하여 자기 책임을 명확히 하는 것임에 틀림없다. 임무를 수행할 수 없으면 그 책임을 추궁당하게 된다.

이미 파탄한 금융기관 중에는 대대로 톱이 손실 감추기를 인계하고 있었던 곳도 있다. 미국에서는 부실을 체크하지 못한 임원이 톱이 된다는 것은 생각할 수도 없는 일이다. 미국의 상장기업에서는 '기업은 주주의 것'이라는 의식이 철저하여 책임이나 공정함을 엄중히 체크하는 기능이 확립되어 있다.

AFLAC의 경우, 미국지주회사의 대표이사회는 현재 17명으로 구성되어 있는데, 그 중 사내의 임원은 나를 포함해 4명뿐이다. 그 외는 모두 사외 중역으로 주로 주주를 대표하는 입장에 있다. 사내의 굴레 없는 위치에서 냉정한 경영 판단을 행하여 회사의 톱 인사는 물론, 상급 임원 인사에도 관여한다. 만일 인재 선택에 실수가 있으면 사외 중역은 주주로부터 그 책임을 문책당하게 된다.

뉴욕증권거래소에 대한 신규상장기준에서도 사외 대표이사를 상장 전 1명, 상장 후 1년 이내에 1명으로, 최저 2명이 하는 것으로 되어 있다. 게다가 사외 대표이사에 대해서는 현재도 과거도 고용 관계가 아닐 것, 현재의 임원이 아닐 것, 가족이나 친척이 아닐 것, 회사에 서비스를 제공하는 컨설턴트나 고문 변호사가 아닐 것 등이 명확하게 규정되어 있다.

AFLAC일본지사는 이 사외 중역의 존재로 거품경제 붕괴의 영향을 입지 않고 무사했다. 거품경제 때의 재테크 게임으로 각 보험 회사는 기회에 편승하여 계약자를 획득하고자 앞다투어 일시불 보험 상품을 판매했다. 양로보험이나 개인연금보험 등 보험료를 계약시에 전액 지불하여 계약자에게 높은 이자를 보장하다는 상품이었다. 이율이 가장 높았던 일시불 양로보험은 '재테크 시대의 총아'로 유행한 상품이 되었다.

그러나 고이율 보험상품은 지속적인 경제성장이 영원히 계속된다는 전제하에 설계된 위험한 상품이다. 그 위험을 알면서도 잘 팔리는 상품이었기 때문에 각사 모두 영업을 중지시킬 수 없었다. 판매를 중지시키면 사내의 사기를 떨어뜨리기 쉬웠기 때문이다.

AFLAC일본지사에서는 이 일시불 보험상품의 판매를 거품경제 붕괴 전에 그만 두었는데, 그것은 사외 중역들이 전문분석가의 의견을 참고로 냉철한 의견을 주장한 결과이며 톱다운의 형태로 리더십을 발휘했기 때문이다. 또 1986년에는 미국 본사가 운용 중인 주식의 반을 매각하였고, 일본지사도 이것을 배웠기 때문에 거품경제 붕괴의 영향을 거의 받지 않고 오늘까지 건전한 경영을 유지할 수 있었던 것이다.

기업 경영에는 여러 가지 리스크가 따라다닌다. 그 중 최대의 리스크는 경영자 자신이 판단을 그르치는 일이다. 그 잘못을 막기 위해서도 사외 중역은 중요한 존재다.

## 리더는 사람을 중시한다

나는 20여 년 전에 AFLAC일본지사 창립에 관여했는데, 그 때 먼저 경험한 것이 의식개혁이었다. 나는 일본인이지만 미국 기업의 일원으로 일본지사의 경영을 맡았고 미국을 기준으로 경영해 왔다.

지금 대부분의 일본의 경영자는 지금까지의 상식에서 한 발 나아가 글로벌 스탠다드를 따라가지 않을 수 없는 상황에 서 있다. 그에 비해 나는 훨씬 빨리 그 세례를 받을 수 있었다.

또 내가 '사람'을 중시하는 경영을 해 온 것이 성공의 최대 원동력이 되었다고 생각한다. AFLAC의 상품인 보험을 만드는 일에 있어서도 판매에 있어서도 당연히 '사람'이 포인트가 된다. '사람'은 기업의 최대 재산, 인재(人財)인 것이다.

새로운 인재를 채용할 때, 윌리엄 폴러드의 『기업의 혼』에 소개되어 있는 다음 사항에 유의하면 좋을 것이다.

★ 일에 대한 사명감, 목표를 갖고 있는가?
★ 일에 관하여 '왜' 라는 말을 하는가?
★ 의욕이 왕성하여 성과를 자기 것으로 하고 싶어 하는가?
★ 창조성이 풍부하여 높은 생산성을 올릴 수 있는가?
★ 공헌하고 싶다고 생각하는가?

오늘의 AFLAC의 커다란 자본은 수많은 우수한 인재라고 할 수 있다. 자화자찬일지도 모르지만 나를 비롯해 사원이 일체가 되어 그만큼 노력을 해 왔고, 오늘날 우리 회사의 발전은 틀림없이 그러한 노력의 반영이라고 확신하고 있다.

그러나 현재 일본 사회가 처한 상황이 여실히 말해주듯이, 과거의 성공은 반드시 미래를 보장하는 것이 아니다. 그것뿐인가? 거기에 계속 구애받는 것은 오히려 성장의 싹을 스스로 뽑아 버리고 마는 결과가 된다.

그런 의미에서 나는 과거의 성공체험은 오히려 잊어야 한다고 생각한다. 끝없는 노력과 도전이 전진과 발전을 약속해 주는 것이라고 믿고 있다. 이것 또한 기업 경영자의 당연한 숙명이다.

## 리더는 끊임없이 메시지를 발신한다

이 책을 쓸 즈음, 사원들이 나를 어떻게 보고 있는지 질문을 해 보았다. 경영자가 어떠한 리더십을 발휘하고 있는지, 혹은 리더십이 부족한지, 그것을 평가하는 최적임자는 사원이다.

원래 사원은 상사에게 부정적인 말을 하기 어렵다. 듣기좋은 겉치레 말도 섞여 있을 것이다. 그와 같은 후한 말을 잘 감안하여 사원들의 쓴소리를 읽어낼 필요가 있지만, 내 생각에 맞추어 소개한다.

> 사원, 대리점 공통의 슬로건을 책정하여 마음을 하나로 모아 그 방향으로 가게 했다

나는 아메리칸 패밀리 생명보험회사라는 회사의 리더로서, 사원

이나 보험 대리점에 대해 기업 이념을 토대로 명쾌하고 알기 쉬운 메시지를 발신하자고 명심해 왔다. 그 하나가 슬로건이다. 사원의 의욕을 북돋우고, 마음을 하나로 묶어 목표를 향해 전진할 수 있도록 매년 회사에서 슬로건을 내걸고 있다.

예를 들면, 1980년에는 '패밀리의 영역을 넓히자'는 슬로건을 1년 동안 내걸었다. 보험 대리점을 늘여 판매력을 강화하고 싶었기 때문이다. 사장으로 취임한 1986년에는 1985년 '현상유지는 낙오'에 이어 '현상돌파 활력경영'을 슬로건으로 내걸었다. 이렇게 해서 매년 회사와 대리점이 달성해야 할 과제를 슬로건으로 하고 있다.

경영자 스스로가 슬로건을 정하면 사원이나 대리점의 한 사람 한 사람에게 호소할 수 있다. 회사 규모가 커지면 톱 경영자와 사원의 거리가 멀어지기 쉽다. 일반 사원이 사장과 대화는커녕, 모습조차 볼 수 없는 경우도 있다. 그래서는 톱 경영자, 즉 리더가 무엇을 생각하고 무엇을 바라는지를 사원에게 침투시키기 어렵다. 그래서 슬로건이 필요한 것이다.

그러나 이전에 없던 빠른 변화와 세계 규모의 경쟁이 현실로 된 지금, 구호만으로 성장을 유지하고 강화시켜 간다는 것은 이미 시대에 뒤떨어진 생각이다. 구호뿐인 슬로건은 구체적인 전략이 될 수 없다. 전략이란 측정할 수 있는 수치 목표를 말하는 것으로 구체적인 수치를 산출할 수 없는 것은 전략이라 부를 수 없다.

뛰어난 경영자는 스스로의 꿈, 경영이념을 사원과 공유하여 전원이 참가하는 경영을 가능케 할 뿐만 아니라, 보다 구체적인 전략을 제시하는 것으로 목표를 달성, 그 꿈을 실현시켜 가는 것이다.

또 다른 사원은 '작업장을 돌며 사원 한 사람 한 사람에게 악수하며 순회했다. 나의 의욕을 강하게 자극했다'고 썼다. 리더는 끊임없이 메시지를 발신하여 존재감을 호소할 필요가 있다.

## 리더에게 불가결한 강한 의지

사원들의 메모 중에, '오타케 회장을 보고, 리더는 보통 사람 이상의 강한 의지가 중요하다고 생각했다'는 내용도 있었다. 확실히 나는 스스로 올바르다고 생각한 것은 장애가 있어도 포기하지 않는다.

예를 들어 보자. 우리 회사는 당초 소위 대기업과 제휴하여 판매대리점을 설치하고 주로 그 기업의 사원에게 보험을 판매하고 있었다. 모집도 관리도 효율적인 방법으로 순조롭게 계약을 신장시켜 갔다. 1983년은 그러한 발전도상기였지만, 당시 부사장이었던 나는 새로운 시장으로 '전국 법인회 총연합'에 참가하기를 제안했다. 법인회의 회원 기업인 중소기업에도 암보험 상품이 복리후생면에서 도움이 되리라 생각했기 때문이다. 전국 조직이라 해도 회원의 법인회는 지역별로 조직되어 있다. 모집은 각지의 법인회를 통해 중소기업을 방문해서 행한다. 대기업 중심의 모집에 비해 시간과 노력이 들기 때문에 당시에는 거기까지 손이 미치지 못했다.

나의 제안에 대해서 대부분의 영업담당 임원이 반대했다. 그러니

나는 포기하지 않았다. 기업의 존재 이유는 바로 가치있는 상품을 진정으로 필요로 하는 사람들에게 제공하는 것이다. 다소의 장애가 있어도 그것에 맞서지 않는다면 회사를 세운 의미가 없다. 나는 각지의 중소기업시장을 개척하는 일은 지금까지 접할 수 없었던 고객들에게 상품을 제공할 수 있다는 것, 새롭게 개인 대리점을 육성할 수 있다는 것, 기존의 대기업 계열의 대리점도 영업력 강화로 이어진다는 것, 그리고 회사의 장래를 생각하면 지금 이 시장을 개척하는 것이 큰 의미를 가진다며 열심히 말하고 다녔다. 반대 의견을 뒤집은 것은 아니지만, 나는 내 책임하에 '고(go)'사인을 내렸다. 그 결과 각지의 법인회는 우리 회사 상품이 보다 많은 분들에게 도움을 주기 위해 없어서는 안 될 파트너가 되었다.

1985년에 세계에서 최초로 개발한 '치매간병보험' 판매를 단행했을 때도 임원회에서는 반대론이 압도적이었다. '암보험'으로 아직 계속 성장할 수 있다, 고령화 사회에서 간병을 요하는 노인이 증가한다고 해도 장래의 이야기이다, 일반적으로 낯선 보험은 팔리지 않는다라는 말들이 반대론의 근거였다. 이 때도 10년 앞을 생각해 신상품 판매의 필요를 역설하여 발매를 결단했다.

경영자는 때로는 '백만 명이 반대해도 나의 생각을 관철한다'는 고독하고 확고한 의지가 필요하다. 예를 들면, 야마토 운수는 많은 임원들의 '상업 화물 철퇴 반대' 속에서 톱의 결단으로 개인 화물을 취급하도록 해서 택배 서비스에서는 일본의 최고가 되었다. 세콤도 전임원이 유인경비에서 기계경비로 이행하는 것을 반대했음에도 불구하고, 사장이 설득하여 성공했다고 한다.

내가 보통 사람보다 의지가 강하다고 한다면, 그것은 아버지의 영향일지도 모른다. 메이지시대 때 태어난 아버지는 완고한 사고의 소유자로 나는 어렸을 때부터 "역경에 굴하지 마라", "혼자서 생각하고 혼자서 살아갈 수 있는 인간이 되어라"는 소리를 계속 들어왔다. 말은 물론이거니와 아버지의 고집스런 모습을 보면서 자랐기 때문인지 결코 포기한 적이 없다. 생각한 바를 당장은 실현할 수 없어도 5년, 10년 후에 실현할 수 있는 일도 있다. 도중에 단념하지 않고 뜻을 지속하는 것 또한 의지의 힘이다.

05

# 단 하나의 목표를 세워라

다음에 소개할 것은 최근 내가 주목하고 있는 기업가(起業家)이다. 어느 쪽이든 창조력이 풍부하고 착안점과 행동력이 뛰어난 점이 공통적이다.

## 중소기업이기 때문에 가능한 것

1998년 4월 1일부터 외국환관리법이 개정, 시행되어 외화 환전점이나 엔, 달러로도 쇼핑이 가능한 소매점이 출현했다. 금융빅뱅에 관계없이 사회시스템이 크게 변하는 지금은 새로운 비즈니스를 시작할 절호의 기회다. 앞으로는 소수의 기업이나 업계에 독점되어 있었던 시장에 차츰 빈틈이 생길 것이다. 새로운 수요를 창출할 기회는 오히려 업계의 기존 종목 안에 있다고 할 수 있다. 리더의 조건으로 '진실을 보는 눈'이 필요하지만 그 판별은 상당히 어렵다. '틈'이라는 현재의 진실도 일상(업계)의 상식에 푹 잠겨 있어서는 좀처럼 보이지 않는다.

어느 업계에서는 '비상식'이었던 일이 다른 업계에서는 '상식'이 된다. 새로운 비즈니스의 성공 여부를 쥐고 있는 것은 리더의 '진실을 보는 눈'에 달려 있다. 또한 업종 전환에 있어서는 지금까지의 사업을 과감하고 깨끗하게 잘라버리는 결단도 필요하다. 두려워 할 것은 없다. 틈새 비즈니스는 영원히 이어지는 법이다. 이것은 소위 '최고'에서 '단 하나'로 발상의 전환을 의미하기도 한다.

경쟁 회사들이 북적거리는 시장에서 '최고'를 목표로 하는 데는 상당한 체력이 필요하다. 그것은 기존 대기업 영역에서 승부하는 것이어서 때로는 가혹하다. 그러나 '단 하나'라면 규모는 작더라도 하는 방법에 따라 세계 제일이 될 수 있는 가능성이 있다. 원래 틈새 비즈니스는 세세한 곳까지 손이 미치는 중소기업이기 때문에 도전할 수 있다는 특유의 성질이 있다.

맨텀(舊맨소레텀)을 재건한 것으로 알려진 오미쿄다이샤(近江兄弟社)의 이와하라 스스무(岩原侑) 사장도 그의 저서 『푸른 눈의 오미(近江) 상인 메릴 보리즈』(文藝社)에서 '목표는 최고가 아니라 단 하나'라고 지적한 다음, '단 하나'를 향한 발상을 전환하는 데에는 '기업의 개성과 특징을 강하게 전면에 내세워 소비자를 끌어당기는 것'과 '개성을 관철하고, 타협하지 않는 완고함'이 필요하다고 강조하고 있다.

이미 세계 기업이 된 소니나 혼다도 그 출발점은 동네공장이 기술과 아이디어로 창출한 틈새 상품이다. 소니는 시행착오 끝에 트랜지스터 라디오를 히트시켰다. 혼다는 자전거를 개조하여 엔진을 붙인 원동기 부착 자전거로 인기를 모았다. 아무데도 없는 상품을 만들면 팔린다는 신념과 고집이 제품과 기업 전체의 신뢰를 구축해 갔다.

경영자가 신념을 완고하게 관철하는 것이 가능성 있는 중소기업에 새로운 비즈니스를 창조할 기회를 많이 제공한다. 단지, 신상품을 개발하려고 하면 상당한 자금이 필요하여 쉽지 않은 것이 실정이다. 하지만 아이디어를 근본으로 한 서비스업이라면 적은 자금이라도 일어설 수 있다. 지금까지 소비자가 입수하기 힘들었던 서비스를 제공하는 것도 훌륭한 뉴비즈니스다.

## 차이를 아는 것에서부터 기회가 생긴다

중소기업의 대표적인 고민으로는 '만성적인 적자'나 '사원을 풀가동해도 이익이 오르지 않는다' 등이 있다. 규모가 작은 시장, 경쟁 기업이 북적거리는 업계에서는 자주 듣는 이야기이다. 예를 들면 쌀과자 업계에서 센베이의 소비는 기호의 다양화나 어린이 감소의 영향으로 시장 확대를 거의 기대할 수 없는 상황이다. 과자 업계의 시장 규모는 3조 엔이라는데 쌀과자는 그 중 10퍼센트인 3천억 엔 정도다. 그 작은 시장 안에서

니카타의 대형 메이커를 비롯해 무수한 중소·영세 기업이 경합하고 있다.

이같은 상황에서 적자를 멋지게 전환시킨 회사가 바로 산슈(三州) 제과이다. 이 회사가 해 온 전국 판매는 박리다매여서 도저히 대형메이커와는 겨룰 수 없었다. 또 유통판매에도 경비가 들기 때문에 회사는 언제나 적자가 계속되었다. 그래서 지금까지 해 온 전국 수퍼에서의 판매를 그만두고 백화점이나 전문점에 직판하기로 했다.

이같은 전략 변경에 대해 지금까지 거래해 온 도매상은 물론 사내에서도 큰 반발을 샀다. 그러나 "현상을 타파하는 데에는 회사의 체력에 적합한 사업전개가 정말 중요하다"는 사이노히라 신이치(齊之平伸一) 사장의 계속된 설명으로, 사원이 일체가 되어 사업 전환에 몰두하게 되었다. 상품에 대해서는 단가는 싸지만 맛에 자신이 없는 상품은 그만두고, 대기업에서는 흉내낼 수 없는 유기재배 명품양곡미를 사용한 고급 센베이로 전환했다. 이 전환으로 매상이 3배인 30억 엔으로 올랐다.

산슈제과가 모색한 것은 대형메이커와는 다른 경영 자원의 '차이'를 판별하여, 동일한 씨름판에서 승부를 겨루는 것은 어리석다는 것을 알고 세운 독자적인 전략이었다. 중소기업의 경영자인 리더에게 크게 참고가 될 사례가 아닐까?

### 벤처 정신이 성공의 원천

그 외에도 비슷한 예는 많다. 저가 항공권 판매로 일약 시대의 총아로 도약한 사와다 히데오(澤田秀雄) 사장이 이끄는 HIS도 그 전형적인 예라고 할 수 있다.

HIS가 탄생한 1980년 당시, 이 회사는 책상 두 개에 전화 한 대, 사원이라고는 부부 두 사람밖에 없는 아주 작은 회사에 지나지 않았다. 그런 회사가 18년만에 국내 약 2,200명, 해외 약 600명의 사원을 지닌 대기업으로 급성장한 것이다. 1997년 10월 매상고는 약 1,400억 엔, 그 중 경영 이익 약 50억 엔, 연간 접객수는 약 160만 명에 이르고 있다.

HIS 성공의 최대 이유는 '에어온 티켓'으로 단체여행용으로 값싸게 인가된 항공권을 개인에게 판다는, 누구도 거들떠보지 않았던 '틈새'에 눈을 돌려 실천한 것이다. 에어온 티켓에는 이용상의 제약이나 환불이 안 되는 결점이 있는데, 반대로 그것을 이용한 것이다.

사와다 사장은 1996년에는 국내 제4의 항공 회사에 해당하는 스카이 마크 에어라인즈를 설립하는 등 어마어마한 쾌거를 이루고 있다. "해외 항공권과는 달리 국내 항공권의 할인에는 한계가 있다. 그렇다면 스스로 항공 회사를 설립하면 문제는 해결된다"는 것이 동기였다고 한다. 그리고 1998년 9월 많은 화제를 싣고 1번기가 하네다 공항에서 후쿠오카로 날아 올랐다.

물론, 이 쾌거를 가능케 한 것은 항공업계에 대한 국가(교통부)의 규제가 완화되었기 때문이다. 그 찬스를 놓치지 않았던 리더의 안

목, 수많은 곤란을 극복한 행동력은 찬탄할 만하다.

## 인재야말로 기업의 생명

HIS의 경우는 벤처 비즈니스의 '성공 이야기'를 실제로 현장에서 실현한 쾌거지만 이 벤처 정신을 능숙하게 도입하여 대기업병을 극복한 기업도 있다. 창업자인 다테이시 가즈마(立石一眞)의 셋째 아들인 다테이시 요시오(立石義雄) 사장이 이끄는 '오무론'이 그 예다.

다테이시 요시오는 1987년 전격적인 인사로 사장에 취임하자, 오무론 사내에 만연하기 시작한 대기업병의 일소에 착수하여 훌륭하게 성공시켰다. 그것을 위해 몇 가지 손을 썼는데, 그 중에서도 특필할 만한 것은 인재채용이다.

다테이시 요시오 사장은 '자립형 인간일 것, 국제감각이 풍부할 것, 창조력이 있을 것, 그리고 벤처정신에 넘쳐 있을 것'을 인재 채용의 최대 포인트로 했다.

생각해 보면 이런 점들은 내가 항상 지적하는 '리더의 조건'과 다를 바 없다. 내가 부회장을 맡고 있는 외자계열기업 경영자협회 회장이며 '콤파크 컴퓨터' 고문인 하마와키 요지(浜脇洋二)도 이 점에는 강한 집착을 갖고 있다.

하마와키는 미국 가와사키(重工) 사장, BMW재팬 사장, 일본 DEC 사장 등을 거쳐 지금에 이른 '외자(外資)의 프로'인데, 면접을 보러 오는 일본기업 출신자가 하나같이 '어떤 일이라도 하겠습니다'라고 대답하는 사실에 개탄하고 있었다. 나도 전적으로 동감이다. 하마와키는 또 '독일인은 국가시험 내지 자격시험에 합격했을 때, 미국인은 대학을 졸업했을 때 평생 직업을 결정하지만, 일본인은 취직하고 10년이 지나도 정해지지 않는다'는 우스갯소리를 나에게 해준 적이 있다.

이런 상태이기 때문에 해외에서 CEO(최고경영책임자)라 부르는 '경영의 프로'도 일본에서는 좀처럼 육성되지 않는다. 그것은 그대로 현재 일본의 '리더 부재'로도 이어지고 있는 것이다. '성공 리더십'의 요체는 의외로 가까이에 있다는 사실을 일본의 경영자들은 재인식해야 한다.

*06*

# 기회를 살리는 리더

## 어떠한 시대에도 존재하는 비즈니스 기회

일본판 빅뱅으로 외국 자본이 밀려오고 불황과 불량 채권의 파도에 휩쓸려 금융기관은 통폐합될 전망이다. 지금 미국 금융계에도 새로운 물결이 일고 있다.

이미 1980년대 말의 경영 위기나 흡수합병 등 수많은 시련을 거친 미국 금융계에서는 1995년 이래 지역밀착형 '스몰 뱅크'가 착실하게 증가하고 있다. 이같은 새로운 은행의 개설 인가 건수는 1997년에 180건 이상을 기록하였다고 한다.

한 미국인 분석가는 "흡수나 합병이 일어나는 가혹한 환경에서는 적절한 서비스가 제공되지 않는 거대한 마켓이 존재하는 법이다"라고 했는데, 실로 그대로다. 스몰뱅크는 그 거대한 마켓에 과감하게 도전하여 비즈니스 찬스를 개척하고 있다.

일본에서도 은행이 어려움에 허덕이고 있는 반면, 소비자 금융은 호조이다. 과거 최고의 이익을 올린 회사도 많고 점포도 증가하고 있다. 은행이 상대하려 하지 않는 소액의 개인 대출을 통해 소비자 금융이 신장하고 있는 것이다. 어떤 시대에도 비즈니스 기회는 존재하는 법이다.

비즈니스의 성공에는 고객에게 어떠한 편의를 제공할 수 있는지, 사회가 전망하고 있는 상품을 얼마나 제공할 수 있는지가 포인트가 된다. 이러한 관점에서 생각해 보면, 불황에 빠진 일본에도 앞으로 발전할 비즈니스는 있다.

예를 들면, 외자계열의 적극적인 부동산투자가 있다. 금융기관이 담보로 잡은 토지나 건물을 구입하여 전매하거나 임대로 돌려 수익을 도모한다. 잘 되면 10퍼센트 이상의 투자 이율을 얻을 수 있다고 한다. 경제 회복의 원활한 진행을 방해하고 있는 불량채권의 상환도 가능하기 때문에 사회적인 공헌도 클 것이다.

인재 소개업이나 인재 파견업도 앞으로는 활발해질 것이다. 불황 속에서 회사가 인원을 감축하고 있는데 수요가 있을까 생각할지도 모르지만, 불황이기 때문에 사람의 이동이 활발하다. 기업은 사원을 줄여 시간제 종업원으로 전환하고, 실업자는 다음 직장을 열심히 찾기 때문이다. 지금 구인 비율은 0.5 전후로, 구인 한 명당 구직 두 명의 비율이지만, 그래도 구직 활동을 하고 있는 사람의 반은 취업이 가능한 셈이다.

일본은 불황이 심각해 실업률이 4퍼센트대에 달했다고 하는데 미국은 호황으로 실업률이 줄어 4퍼센트대, 서구에는 10퍼센트 전후인 나라도 적지 않다. 어느 정도의 실업률은 노동유동성을 높여 적재적소의 배치를 촉진하는 법이다. 일을 찾고 있는 사람에게 최적의 직장을 소개하는 것 또한 사회적인 의의가 크다.

세계에서 제일 안전한 나라라고 하는 일본에서 범죄가 증가하고 있는 사실은 유감이지만, 경비 회사나 방범 컨설턴트의 수요는 높아질 것이다. 폐기물 처리에서는 소각장이나 처리장에서 나오는 오염물질이 문제가 되고 있지만, 오염물질을 제거하는 시스템이나 기술을 실용화할 수 있다면 큰 산업으로 육성될 것이다.

사회를 전망해 보아 문제가 있으면 그것이 수요인 것이다. 거기에 아이디어나 기술을 결부시키면 비즈니스가 탄생한다. 리더에게는 그러한 기업가 정신도 필요하다.

## 외자의 참가가 일본을 활성화시킨다

높은 실업률에 고민하고 있는 서구 선진국은 적지 않다. 그런 나라의 지방자치체는 고용창출을 최대 과제로 하고 있다. 재정에서 실업 보험을 부담하므로 부담이 크기도 하지만, 사람은 직업을 갖고 일함으로써 자립이 가능하다는 컨센서스가 있기 때문이다. 그래서 현지의 기업을 소중히 하고 외국 기업을 포함한 기업 유치에 열심이다.

지금 일본도 불황이 심각해짐에 따라 실업률이 증가하고 있다. 기업이 고용을 창출하는 일이 커다란 사회 공헌으로 평가될 것이다. 재정이 어려울 때 기업이 이익을 올려 세금을 납부하는 일 또한 사회에 큰 공헌이다. 그렇게 생각하면 일본은 새로운 산업, 새로운 기업을 육성함과 동시에 외국에서 성공한 산업이나 기업의 유치에도 힘을 쏟아야 하지 않을까? 적극적으로 외자를 도입하는 것이다.

지금까지 일본의 산업 정책은 국산주의였다. 외국에서 새로운 산업이 들어오려고 하면 규제망을 해서 손발을 묶는다. 그 사이에 국내 기업을 육성하고 경쟁력이 생겼을 무렵, 담장을 낮춘다. 이렇게 해서 일본의 산업은 해외시장에서도 통용되는 힘을 키울 수 있었다. 자동차나 컴퓨터 등 지금 일본을 대표하는 산업이 단기간에 비약적인 성장을 이룬 것이 그 전형이다.

그러나 세계화의 물결 속에서 외자와 국산의 구별은 이제 의미를 잃고 있는 추세다. 뛰어난 산업, 우량 기업은 국적을 불문하고 유치하고 육성하지 않으면 앞으로 나갈 수 없는 시대이다. 최근 수년간 외자계열 금융기관이 일본의 금융기관과 제휴하거나 독자적으로 진출하고 있는데, 금융쇄국상태가 이어져 점차 뒤처지고 있는 일본 금융시장에  상당한 플러스가 되고 있다. 금융업계뿐만 아니라, 제조나 유통, 서비스 시장에서도 해외의 뛰어난 기업이 적극적으로 참가하면 일본의 정체된 개혁은 단숨에 진전될 수 있을 것이다.

나 역시 외국 기업의 참가를 지원하기 위해 일본 정부와 민간기업·단체 약 100개사가 공동출자한 반민반관 회사인 대일투자 서포트서비스(FIND)의 대표이사로서, 앞으로도 전력을 다하고자 한다.

## 나와라, 일본의 리더

2차대전 후 일본은 '공정한 경쟁'이 없는 사회를 만들고 말았다. 구미 선진국을 따라잡고 추월하는 것이 초토화된 일본의 최대 목표로, 그것을 위해서는 중공업 산업을 중심으로 정경일체가 필요했다.

산업을 보호하고 국제 경쟁력을 키우기 위해서는 규제를 강화하고 마침내는 그 기득권을 지키기 위해 정경이 유착한다. 이렇게 해서 나라가 부유해지고 기업이나 산업이 성장하는 것이 종래의 시스템이며, 기업은 '리더 부재'로도 생존할 수 있었지만 앞으로는 그렇게 되지 않을 것이다. 이제부터는 강력한 리더십을 가진 기업가(起業家), 즉 리더가 핵이 되어 운영해 가는 진정한 의미에서의 자본주의 시대로 돌입할 것이다. 바로 치열한 경쟁 사회의 출현이다. 기회를 살리는 것도, 죽이는 것도 리더에게 달려 있다. 기업의 침체는 그 양어깨에 달려 있다 해도 과언이 아니다.

내가 알고 있는 전(前) 주일영국대사인 코르타치도, 여러 미디어를 통해 같은 지적을 하고 있다.

1887년에 액튼 경이 언급한 '권력은 부패한다'는 유명한 말을 인용하면서, "현재 일본에는 신뢰할 만한 리더가 없다. 따라서 앞으로 일본이 어디로 가는지, 어디로 가야 하는지에 대해 명확한 비전도 없다"고 단호히 지적하고 있다. 그 위에 권력에 의해 야기된 부패와 혼란은 대규모 개혁 이외에 타파할 방도가 없다는 점, 뛰어난 리더란 적당한 시기에 물러서기를 스스로 알고 있는 사람이며, 또 그 때까지 많은 후계자를 육성할 수 있는 사람이라는 점을 일본 사회에 대한 경종으로 대담하게 제언했다. 물론, 이 지적은 기업 경영자에게도 그대로 적용될 것이다.

어쨌든 위기 속에는 커다란 기회가 있다. 정치가도, 관료도, 경제계도 간신히 일어서기 시작했다. 자유로운 의지와 성공하고자 하는 의욕에 넘친 기업가는 지금이야말로 안테나를 크게 펼쳐, 성공을 위한 리더십을 충분히 발휘해야 할 때다. 새로운 시대는 그 노력에 확실하게 보답해 줄 테니까.

# 비즈니스 리더에게 꼭 필요한 것
# '꿈은 이루어진다(Dreams come true)'

## 자유시장경제에서 자연 도태는 필연

**오타케:** 대략적인 구분이 됩니다만, 1980년대와 1990년대의 미국과 일본은 실로 대조적입니다. 1980년대 미국은 제조업의 부진을 중심으로 저조한 성장에 빠져 괴로워했습니다만, 1990년대에 들어오면서 훌륭하게 회복하여 성장을 계속했습니다. 한편 일본의 1980년대와 1990년대는 미국과는 완전히 반대 경로를 더듬고 있습니다. 일본도 1980년대의 미국처럼 어려움에서 벗어나 회복할 가능성은 있습니다.

**타이스:** 1980년대 미국이 하나의 분기점에 서 있었듯, 일본은 지금 하강한 채 침체될 것인가, 상승으로 전환될 것인가의 분기점에 서 있습니다. 그렇지만 서두르지 말고 먼저 원칙적인 것부터 생각해 갑시다. 미국도 일본도 자유시장경제입니다. 자유시장경제는 성공해도 실패해도, 설명 의무는 그 비즈니스를 영위하는 개인에게 있습니다. 즉, 비즈니스는 각각 독립되어 있으며 성공도 실패도 그 책임은 독립된 각

자가 지는 법입니다. 이것은 명확히 해야 할 점입니다.

자유시장경제는 그 독립적인 성격에서 자연히 도태하는 프로세스(natural clearing process)를 본래부터 갖추고 있습니다. 재정적으로 약하거나, 경영이 허술하거나 제품이 열악하면 시장에서 저절로 도태됩니다. 그 때는 자연히 도태되도록 맡겨야 합니다. 이것이 자유시장경제의 원리원칙입니다.

그런데 시장의 자연적인 도태에 대해서 때때로 부자연스런 서포트를 하는 경우가 있습니다. 부자연스런 서포트를 하는 쪽은 대개 정부인데 이것은 해서는 안 될 일입니다. 본래 도태되어야 할 것을 부자연스럽게 보호하는 것은 자유시장경제의 원리원칙을 무너뜨리기 때문입니다. 자유시장에서 일어나야 할 자연도태의 프로세스가 부자연스런 서포트로 인해 일어나지 못하면 곤란해집니다. 경제 하강이 오랫동안 이어지고 심각해질 뿐 아니라, 한 사람 한 사람 안에 있는 비즈니스의 창조적인 재능을 해치는 결과가 되기 쉽습니다.

**오타케:** 잘 알겠습니다. 지금의 말씀은 일본이 직면하고 있는 어려움을 그대로 지적하고 있습니다. 행정지도로 인한 호송선단방식 등은 부자연스런 서포트의 전형이었지요.

**타이스:** 자유시장경제의 원리원칙은 사계절의 순환에 비유할 수 있습니다. 겨울의 수목은 봄과 여름을 통해 성장한 후, 가을에는 그 잎을 스스로 떨어뜨립니다. 거기에 정부가 뛰어들어 부자연스런 서포트를 한다는 것은 떨어진 잎을 주워 스카치테이프로 가지에 붙이는 일과 같습니다. 그것은 무성하게 보여도 모조품입니다. 스카치테이프로 가지에 붙여

진 잎이 봄이 되면 싹이 틉니까? 여름이 되면 성장합니까? 오히려 새로운 싹트기나 성장을 방해할 뿐입니다. 가을이나 겨울에 수목이 잎을 떨어뜨리듯이, 자유시장경제에 있어서 도태는 필요하며 필연입니다.

## 잘못을 인정하고 고치는 정신

**오타케:** 정부가 시장에 개입하여 자연적인 도태의 프로세스를 방해하는 것은 새로운 가능성을 저해하는 것이기 때문에, 자유시장경제에 있어서는 마이너스가 되는 셈이지요.

**타이스:** 실제로 그렇습니다. 1년에 사계절이 있듯이 모든 자유시장경제는 순환하는 것이므로, 자연적인 도태는 필연적인 것입니다. 약한 은행은 무너지고 주식시장은 침체하는 법입니다. 그것이 자연적인 것입니다. 그리고 순환하는 사이클이 다양한 기회를 창출합니다. 그 사이클의 어느 시점에 기업가가 뛰어들어 거기에 있는 커다란 기회를 이용하겠지요. 수많은 강력한 뉴비즈니스가 하강하는 시장이나 하강하는 사이클 속에서 발달해 왔다는 사실이 그것을 보여 주고 있습니다.

**오타케:** 하강 속에서 뉴비즈니스가 발흥하여 경제를 활성화시킵니다. 거기에 어려움 극복의 돌파구가 있습니다. 그런데 정부의 개입에 의한 부자연스런 서포트는 이 프로세스를 멈추게 하는 작용을 하는 셈이지요.

**타이스:** 그 상태가 반고정화되면, 부정적인 신념이나 사고밖에 나오지 않게 됩니다. 기업가가 뛰어들 여지는 극단적으로 좁거나 아예 없으니

까 불만은 높아지고, 그 속에 부정적인 태도나 사고가 형성되고 맙니다. 정부가 부자연스런 시장 조작을 하는 대신 시장에서 손을 떼고 시장 스스로의 도태에 맡긴다면, 기업가들의 태도나 신념과 기대는 시장과 함께 긍정적인 방향으로 변화해 가겠지요.

**오타케:** 1980년대 경제 부진에 침체되어 있던 미국이 1990년대에 들어서 회복했던 것은 미국 정부가 그것을 했다는 사실입니다. '레이거노믹스'라는 말로 대표되는 개혁이 계속 행해진 것이었습니다.

**타이스:** 간결하게 말하면, 미국 정부는 '잘못을 인정하고 고친다'는 정신을 가지고 있었던 것입니다. 문제를 확실히 밝히면 거기에 대한 새로운 계획이 신속하게 준비됩니다. 그것이 레이거노믹스입니다. 이것이 창조적이며 멋진 아이디어를 가진 사람들에게 성공을 위한 기회와 환경을 부여하게 되었습니다. 일본 정부는 어떻습니까? '잘못을 인정하고 고친다'는 정신이 과연 있을까요?

**오타케:** 그것이 지금 일본 정부에 최대로 묻고 있는 점입니다. 어려움에 있는 일본 경제가 그 분기점을 넘을 수 있을지는 거기에 달려 있다고 할 수 있겠지요.

## 곤란한 상황일수록 기회가 크다

**타이스:** 그러나 정부에 모든 열쇠를 맡겨 그것만 명확히 된다면 충분하다는 태도는 올바르지 않습니다. 그런 태도로는 시장에서 부자연한 서포

트를 불식해도 문제가 해결되지 않습니다. 경제는 회복되지 않습니다. 앞서 자유시장경제는 실패를 하든 성공을 하든 그 책임의무는 비즈니스를 경영하는 개인에게 있다고 말했습니다. 일본의 비즈니스 리더에게 그 독립성의 자각이 있는지 여부도 묻지 않으면 안 됩니다. 모든 것을 정부의 시책이나 시장경제 탓으로 돌려서는 도태될 뿐입니다.

'성공하든 실패하든 그 요인이 되는 문제점은 자기 안에 있다.' 그것을 포착해 문제를 명백히 하는 것이 자유시장경제에 있어서 독립된 비즈니스 리더의 본연의 모습입니다. 그것이 기본입니다.

**오타케:** 솔직히 말해 일본의 비즈니스 리더는 그 점이 어쩐지 염려된다고 말하지 않을 수 없습니다. 오랫동안 일본에서는 정부의 부자연스런 서포트에 너무 익숙해졌습니다. 그 결과 가스미가세키의 관청에서 보낸 지시나 지도는 셀 수 없을 정도의 규제가 되어 쌓이고 쌓여 있습니다. 거기에 비즈니스 기회를 빼앗기거나 신규참가의 여지가 힘들다고 해서 불만을 품는 한편, 경기 사이클이 하강에 들어서면 당장 공공투자나 시책을 요구하고 있습니다. 모든 설명 의무가 자신에게 있다는 자각은 미약하다고 말하지 않을 수 없지요.

**타이스:** 미국에는 아메리칸 드림의 전통이 있습니다. 이것이야말로 자유시장경제의 독립성에 입각한 것입니다.

아메리칸 드림이란 열심히 일하고 필요한 상품이나 서비스를 제공하면 누구나 자기 분야에 있어서 리더가 될 수 있다는 신념을 말합니다. 그러므로 미국인은 "Dreams come true", 즉 꿈은 실현된다고 확신하고 있습니다. 이것은 상당히 중요합니다. 호황이라 불리는 미국에서도 새롭게 시작한 비즈니스는 성공하기보다 실패하는 쪽이 많은 법입니다. 그러나 "Dreams come true"입니다. "한번 정도는 비즈니스에 실패할지 모르지만, 누구나 다시 한번 새로운 벤처사업을 일으킬 권리를 갖고 있다. 한번 실패하면, 또 도전하면 된다. 새로운 이념을 세워 실현을 추구하면 성공을 반드시 손에 넣을 수 있게 된다." 이 아메리칸 드림의 신념이 미국의 재건을 보장하는 힘이 되었던 것입니다.

**오타케:** 일본이 지금 직면한 곤란한 상황, 그것을 새로운 상황으로 포착하여 그 상황을 새로운 시점에서 생각하고 새로운 방법으로 행동하면 이 어려움은 호기로 포착할 수 있습니다. 집단의 시스템이나 제도가 문제 됩니다만, 문제는 개인입니다. 독립된 개인이 확립되어 있으면 분기점을 타고 넘을 수 있다고 생각합니다.

**타이스:** 동감입니다. 내가 항상 물음을 던지고 호소하는 대상도 개인 한 사람 한 사람이지 집단을 대상으로 하고 있지는 않습니다.

**오타케:** 미국에는 아메리칸 드림의 모델이 계속 등장하고 있습니다. 시애틀이 벤처 비즈니스의 본거지가 될 전망이라는 사실은 그 좋은 예입니다.

**타이스:** 시애틀에서는 마이크로소프트를 대표로 수많은 벤처 비즈니스가 성장하고 있습니다. 빌 게이츠나 그 친구인 폴 알렌 등 하버드 대학에서 탈락된 4명이, 1975년에 소프트웨어 아이디어를 개발하여 이것을 세계적으로 유명한 컴퓨터 하드웨어 회사에게 10만 달러에 팔려고 했습니다. 그런데 거절당하고 말았습니다. 그래서 그 멋진 아이디어를 공개한 것이 시작입니다. 그리고 이제 마이크로소프트는 2만 7,000명

이상을 고용하여 빌 게이츠, 폴 알렌, 그리고 스티븐 발머는 미국, 아니 세계에서 가장 유복한 사업가 5인내의 3명이 되어 있습니다.

상품을 원가의 10퍼센트 마진을 붙여 판매하는 매가 스토어의 코스트코를 창업한 잽 브로트먼, 케이블 텔레비전국에서 출발하여 1980년대의 하강기에 새로운 휴대 전화인 프랜차이즈를 구축하여 그것을 최종적으로는 AT&T에 17억 달러에 매각한 맥코우즈. 또한 스타벅스 커피는 시애틀을 북미의 커피 도시로 만들었습니다. 이처럼 아메리칸 드림을 실현한 성공자의 예는 시애틀의 기업가(起業家)뿐만 아니라, 전 미국에 존재하고 있어서 일일이 예를 다 들 수 없을 정도입니다.

**오타케:** 그리고 주목할 점은 그들이 1970년대 말기부터 1980년대 하강기에 나왔다는 사실입니다.

**타이스:** 하강기를 기회로 포착해 이용한 것입니다. 경제적인 위기의 이용에 실패는 있을 수 없습니다. 실패는 기회를 이용하지 않는 것에서 일어나는 것입니다.

## 재패니즈 드림은 밑바닥에서 출발했다

**오타케:** 그와 같은 새로운 벤처 비즈니스의 리더는 육성되는 것일까요? 아니면 개개인이 새로운 벤처를 창출할 능력을 몸에 익힐 때까지 기다려야 하는 것일까요?

**타이스:** 나는 교육과 트레이닝에 의해 새로운 벤처와 그 리더를 창조할 수 있다고 생각합니다. 그것을 위해 나는 일하고 있으며 개인이나 기업에 도움이 되고자 전력해 왔습니다. 그 핵심은 체계적으로 목표를 설정하고 그 목표를 달성하기 위해 자신이나 이웃사람들의 장래에 대한 사고방식을 바꾸는 일입니다. 벤처를 육성하는 데는 단순히 벤처의 담당자만이 아니라 훌륭한 아이디어에 자금을 공급하는 벤처 캐피털리스트의 존재도 중요합니다. 오늘날 미국의 벤처 캐피털리스트들의 대부분은 과거에 그들 자신이 훌륭한 아이디어를 갖고 있으면서도 그것을 실행에 옮길 만큼의 자금 혜택을 받지 못했다는 사람이 많습니다.

**오타케:** 일본의 금융기관은 지금까지 오로지 부동산에 자금을 제공할 뿐, 훌륭한 아이디어가 있어도 거의 눈길을 주지 않았습니다. 그 결과가 현재의 위기상황을 가져온 것입니다. 금융기관은 이 실패를 배우지 않으면 안 됩니다. 사고를 바꾸어 훌륭한 아이디어에 자금을 공급하고 벤처 육성을 성공시키기 위해 정신적 지원을 포함한 모든 자원을 제공하는 방식으로 바꿀 필요가 있습니다. 어려움에 직면하고 있는 지금의 상황은 실로 그 기회가 와 있다는 것을 의미하고 있습니다.

**타이스:** 저도 그렇게 생각합니다.

**오타케:** 그러나 일본은 컨센서스 사회입니다. 사실, 일본이 고도경제성장을 달성한 것은 집합체의 컨센서스를 형성한 것이 커다란 힘이 되었습니다. 일본에는 집합체의 컨센서스를 통해 번영을 손에 쥐었다는 성공 체험이 있으며 그것이 풍토화되어 있기 때문에, 거기서부터 떨어져 나와 모든 설명 의무는 자기에게 있다는 사고로 머리를 전환하

는 것은 어렵습니다. 일본에는 재패니즈 드림의 모델이 빈약한 만큼 더욱 그렇습니다.

**타이스:** 그렇습니까? 확실히 일본은 이전에 집합적인 방법으로 성공을 거두어 왔습니다. 거기서 발휘된 에너지는 훌륭했습니다. 그러나 지금은 크게 유력시되고 있는 기업, 소니나 혼다를 일으킨 기업가들을 생각해 보십시오. 기업가의 꿈이 많은 사람들의 컨센서스를 얻어 시작한 것은 아닙니다. 그들은 한 사람, 혹은 극히 소수 사람들의 멋진 아이디어와 활력, 에너지로 시작했던 것입니다. 재패니즈 드림의 모델은 얼마든지 있습니다. 이것을 용기의 양식으로 삼지 않으면 큰 손실입니다. 하나의 꿈이 사업이 되고, 많은 사람들이 관계하게 됩니다. 그 때 꿈은 집합체의 컨센서스가 되어 회사를 키우고 그 성장을 지속하기 위해 집합체를 구성하는 한 사람 한 사람의 힘을 끌어내는 근원이 됩니다. 그 점에서 일본인은 훌륭한 능력을 갖고 있습니다. 자신을 가져야 합니다.

거듭 말하면 재패니즈 드림을 실현한 회사들이 움직이기 시작한 시기가 언제인지를 생각해 볼 필요가 있습니다. 1940년대 후기부터 1950년대 초기, 전쟁이 끝나 경제는 하강기라고 하기보다 밑바닥에 있었던 시기였습니다. 대부분이 그 시기에 출발했다는 점입니다.

**오타케:** 그랬습니다. 현재 일본 경제는 하강이라기보다 붕괴냐 아니냐의 분기점에 있는 구렁텅이라고도 할 수 있을 만큼 심각합니다. 그렇기 때문에 재패니즈 드림을 시작할 기회가 있습니다. 용기가 솟아오릅니다. 나도 타이스 씨와 같은 낙관주의자인데, 한 가지만 질문하겠습니다. 경제가 하강기에 있을 때는 장기 계획을 세우기가 상당히 어렵다

고 합니다. 일본의 비즈니스 리더들이 머리가 아픈 것도 그 점입니다. 타이스 씨의 생각은 어떻습니까?

**타이스:** 하강기에 장기 계획을 세우기란 '어렵다'와 '어렵지 않다'는 두가지 답이 있습니다. 새로운 비즈니스 기회가 많아진다는 신념과 기대가 있으면 어렵지는 않습니다. 기회를 항상 시야에 넣어 두면 자연히 창조력과 기업가(起業家)의 내적인 재능을 통해, 어떻게 기회를 이용하면 좋은지 알 수 있습니다. 일본인은 기회를 찾아내 그것을 이용하는 점에 있어서는 세계 최고 민족의 하나로 손꼽힙니다. 그렇기 때문에 저 훌륭한 고도경제성장을 이룩한 것이 아닙니까? 지금이야말로 기회가 있다는 신념과 태도와 기대를 더욱 강하게 해야 합니다. 그리고 리더들은 리스크를 받아들일 각오로 기회를 잡고, 잘못을 인정하고 고치는 용기를 지녀 창조적이고 훌륭한 아이디어를 가진 사람들에게 기회와 성공을 위한 환경을 부여해야 합니다.

**오타케:** 그를 위해서도 강렬한 사명감, "Dreams come true"의 신념을 더욱 강하게 가질 필요가 있습니다. "Dreams come true."

### 루 타이스 프로필

미국 워싱턴주 시애틀 출신. 워싱턴대학 대학원 졸업(정신건강교육학 MA). 1971년 TPI(The Pacific Institute)를 설립. 이후 교육 컨설턴트로서 전세계 42개국에서 활약. 많은 기업이 이 프로그램을 채용하고 있다. 일본에서는 TPI재팬이 그 중심이 되어 있다. 저서에 『바라면 이루어진다』(日經BP社) 등이 있다.

| 맺음말 |

# 경제에 국경은 없다

— 진정한 국제화와 리더십

## 하이브리드(혼혈) 경영의 권유

얼마전 세미나 자료를 찾다가 대단히 흥미로운 기사를 보았다. 미국 포춘지의 기사였는데, 앞으로 '가장 존경해야 할 회사의 기준'은 다음과 같은 순위가 될 것이라는 내용이었다.

제1위 경영의 질

제2위 제품, 서비스의 질

제3위 혁신성

제4위 장기적인 투자가치

제5위 재무적 건전성

제6위 우수한 인재를 흡수하여 교육하고 유지하는 힘

제7위 지역사회 환경에의 공헌

제8위 회사자산의 현명한 사용

일본 기업에 귀가 아픈 '기준'이 꽤 많이 있는 것이 아닐까? 그러나 세계화 시대의 필연인 이상 이들 '기준'이 새로운 '국제표준(글로벌 스탠다드)'으로 요구될 가능성을 충분히 생각할 수 있다.

예전부터 나는 '하이브리드(혼혈)경영의 권유'를 자주 말해 왔다. 국제 경쟁력이 있는 고부가가치경영을 행하는 데는 거기에 맞는 인재가 필요하다. 우수한 인재는 전 세계에 널리 존재해 있지만, 그러한 외적 자원을 내적 자원으로서 받아들일 수 없다면, 앞으로의 격심한 경쟁에서 계속 승리할 수 없다고 생각한다.

컴퓨터, 바이오테크놀로지, 핵융합, 초전도, 우주발전 등의 산업 분야는 장래성이 높은 산업 분야라고 한다. 그 중에서도 컴퓨터와 바이오테크놀로지는 미래의 주력 산업으로 주목받고 있으며, 이것을 특기로 하는 나라가 일본과 미국이다. 현재 반도체의 약 7할은 일본에서 생산되고 있어, 일본의 협력이 없으면 구미 제국은 컴퓨터를 생산하는 것조차 불가능하다. 나는 바이오테크놀로지가 일본의 특기 분야인 것 같은 느낌이 든다. 이 분야에서 일본이 리더십을 발휘했으면 한다.

이 한 가지를 보아도 이제 경제에 국경이 없다는 사실을 잘 알 수 있다. "개개의 기업, 다시 말하자면 개개인의 인재가 각각 자립하여 국경의 제약을 받는 일 없이 자유롭게 활약한다." 앞으로 세계 경제 본연의 모습을 구체적으로 이미지화한다면 이런 모습이 되지 아닐까?

그럼에도 불구하고 일본인에게는 예를 들면 외국 기업에 의한 일본 기업의 M&A(흡수·합병)를 필요 이상으로 경계하는 듯한 자폐적 체질이 여전히 존재하고 있다. 그러나 내가 보는 견지에서는 이것은 나쁜 습성이다.

지금까지 일본의 안전이 '섬나라'라는 지정학적 요인에 좌우되어 왔다는 사실은 의심할 여지가 없다. 일본이 아시아 대륙이나 유럽 대륙 안의 소국이었다면, 오늘날의 번영은 있을 수 없었을 것이다. 그러나 과거에는 그것이 플러스 요인이었지만, 글로벌화가 진행되는 지금은 오히려 마이너스 요인으로 작용하고 있다는 사실을 일본인은 깨달아야 한다.

M&A는 미국에서 일반적인 경영수법으로 빈번히 행해지고 있다. 예를 들면 시티콥과 트레블러즈의 대형 합병이 화제가 되었다. 시티콥은 미국 시티뱅크의 지주회사, 트레블러즈는 미국 투자은행의 솔로몬 스미스바니를 산하에 가진 금융서비스 회사이다. 닛코(日興)증권도 트레블러즈와 자본 제휴를 했는데, 이같은 '혼혈경영'의 케이스는 앞으로도 증가할 것이고, 또 그렇게 되지 않으면 안 된다.

마이클 H. 아마코스트 전 주일미국대사는 현재 블룩킹스연구소(미국의 저명한 싱크탱크의 하나) 이사장을 역임하는 한편, 미국 AFLAC투자회사의 이사회 멤버로도 참여하고 있다. 아마코스트는 앞으로의 미·일관계에 커다란 기대와 관심을 보이는 친일본적인 한 사람으로, 최근에도 도쿄의 내 사무실로 '혼돈에 빠진 일본 경제를 되살리기 위해 무언가 도움되는 일을 하고 싶다'는 취지의 팩스를 보냈다.

실은 이 팩스가 오기 얼마 전, 아마코스트 씨는 조지아주 콜롬부스에서 열린 AFLAC의 연수회에서 특별 강연을 했다. 이 연수회에는 일본에서도 약 430명의 사원이 참가했는데, 그 강연에서 아마코스트 씨는 미·일관계의 본질을 다음과 같이 말했다.

> 일본인 중에는 최근 미국이 일본을 경시하였다. 소위 '일본 쳐부수기'가 일어나는 중이라고 걱정하는 사람도 있는 것 같습니다. 그러나 미국이 일본을 무시, 혹은 경시한다는 것은, 그대로 미국의 국익에 손상됨을 의미합니다. 아시아 경제의 3분의 2를 차지하는 거대 시장을 가진 일본은 미국의 최대무역상대국이며, 태평양 지역에서 가장 중요한 동맹국, 파트너입니다.

## 새로운 세기를 향해

어느 미국인 변호사가 이런 글을 썼다.

> 일본에서 외변(外國法事務辯護士事務所의 약칭)을 개설하면, 실제로 온갖 저항을 겪는다. 어느 일본인 변호사는 유력한 외변의 파트너가

된 지 얼마 안 되어 변호사 자격을 반납하고, 일본법을 모르는 체 해야만 했다

외변의 활동에는 외변법에서 여러 가지 제약을 설정하고 있다. 일본에서는 경제계뿐만 아니라, 법조계까지 규제에 의한 '과보호병'이 만연하고 있다. 그러므로 일본인 변호사가 외변에 협력하면 배척당하기 쉽다고 한다. 이 부분에서도 개방정책을 추진해 나가지 않으면 세계화의 물결을 놓치고 만다.

무엇보다 여기에는 일본인 변호사의 심리적 저항도 적지 않게 영향을 미치고 있다. 즉, 일본의 변호사들은 어려운 사법시험을 돌파하여 얻은 자신들의 특권적 지위가 외국인 변호사의 대량 진출에 의해 위협받는다고 생각한 것이다. 변호사를 비즈니스의 하나로 생각하면 이것도 경제 문제라 할 수 있다.

내가 본직인 AFLAC재일대표이사 · 회장 및 외자계열기업 경영자협회 부회장, 중소기업금융공고 전국 신사업육성심사회 위원장, 사단법인 뉴비즈니스협의회 부회장, 재단법인 국제과학진흥재단 부회장, 주식회사 대일투자서포트서비스 회장 등을 겸임하고 있는 것은 이 책의 앞에서 말한 대로이다. 외자의 참가나 뉴비즈니스 육성 등을 추진하는 입장에서 본다면, 일본의 구조개혁은 속도, 진척도가 미숙하다고 느끼지 않을 수 없다.

1998년 6월 상공부와 중소기업청은 그때까지의 집단화에 의한 중소기업정책을 재검토하고, 경제의 구조변화에 대응한 '독립된 중

소기업육성'에 착수했다. 이로써 사업의욕이 왕성한 중소기업에 비중을 두어 서로 호응하는 지원이 가능하게 되었는데, 이러한 정책지원은 더욱 많아져야 한다. 자조(自助) 노력하는 원기있는 기업이 보상받는 비즈니스 환경을 하루빨리 정비할 필요가 있다. 그것은 또 중소기업이 약 9할을 차지하는 일본 경제를 확실히 재생하는 최선이며 최단의 길이기도 하다. 그런 의미에서도 불황에 허덕이는 중소기업 경영자들이 지금이야말로 리더십을 크게 발휘하기 바라는 바다.

## 리더는 인간애를 가진 봉사자

나는 리더십에는 다양한 모습이 있다고 생각하지만, 궁극적으로 리더란 '인간애를 가진 봉사자'가 아닐까 생각한다.

〈도표 8〉은 어느 리더십에 대한 세미나에서 사용된 자료로, '리더십'이라는 말에서 연상되는 34개의 단어를 제시한다. 자기가 생각하는 리더십을 순위를 매겨서 5가지 정도 선택해 보기 바란다. 특별히 정해진 답은 없다. 기회가 있어 시험해 보았는데, 재미있게도 직무나 개성의 차이에 따라 선택한 단어가 크게 달랐다. 개인이나 회사의 약점이나 유리한 점이 선택된 단어에 뚜렷하게 반영되어 있었다. 이것을 연구하면 조직의 활성화에도 도움이 될 것이다.

내 경우 이 표에서 선택한 단어는 ① 봉사 ② 창조 ③ 인내 ④ 정열 ⑤ 신념 ⑥ 용기였다. '책임'을 뺀 이유는 원래 리더십이란 '책임지는 일'이라는 대전제가 있기 때문이다. 또 '의욕', '비전' 등도 당연한 것이므로 제외했지만 그 단어의 의미도 명확히 할 필요가 있다.

**도표 8**

| 리더십 | leadership | 리더십 | leadership |
|---|---|---|---|
| 비전 | Vision | 능력 | Ability |
| 권력 | Power | 엘리트 | Elite |
| 권위 | Authority | 카리스마 | Charisma |
| 지위 | Status · Position | 영웅 | Hero · Heroine |
| 대표/상징 | Representation · Symbol | 적극성 | Aggressiveness |
| 의욕 | Willingness | 인내 | Patience |
| 책임 | Responsibility · Accountability | 공평 | Fairness |
| 야심 | Ambition | 정열 | Enthusiasm |
| 신념 | Faith | 체력 | Stamina |
| 명예 | Honor | 활력 | Vitality |
| 신뢰 | Trust | 상상 | Imagination |
| 자기주장 | Self-assertion | 창조 | Creativity |
| 지배/관리 | Control · Manage | 도전 | Challenge |
| 판단 | Judgment | 정직 | Honesty |
| 용기 | Courage | 봉사 | Serve |
| 선견성 | Foresightedness | 설명/설득 | Explain · Persuasiveness |
| 대담 | Brave | 유모어 | Sense of humour |

리더십에 필요한 것으로 '봉사'를 가장 먼저 든 것은 47페이지에 소개한 미국의 서비스마스터사를 알았기 때문이다. 그 회사의 경영의 기둥이 되어 있던 것이 '봉사'이다. 봉사 정신이 모든 사원에게 끼침으로써 인재가 육성되고 회사가 성장하였다. 이 사실을 알고나서 나는 리더의 임무는 사원이나 고객에게 봉사하는 것이라고 생각

하게 되었다.

회사 사장이 공적이나 명예를 독점하는 것이 아니라, 부하를 내세우고 육성하며 부하에게 봉사한다. 그런 회사의 조직은 활성화되기 마련이다.

생각해 보면 내가 AFLAC 부사장이었을 때, 당시 사장은 나를 한 번도 꾸짖은 적이 없고 세심한 지시를 한 적도 없었다. '오타케의 생각대로 해. 책임은 전부 내가 진다'는 자세를 10년간 취해 준 덕분에 오늘의 내가 있으며, 지금의 회사로 성장할 수 있었던 것이다. 전 사장이 자기 지위나 명예에 구애 받고 있었다면, 이같은 모험은 할 수 없었을 것이다. 자기의 비전 실현을 위해 타인의 비전도 실현시킨다는 인간애가 거기에 있기 때문이다. 인간애는 단적으로 말해 봉사의 기반이다.

| 후기 |

페리 내항으로부터 140여 년, 일본은 메이지유신을 시작으로 두 번의 세계대전을 거쳐 현재 세계에서 최고 수준의 나라가 되었다. 1990년대가 되자는 장기화된 불황으로 일본 전체가 웬지 활기가 없다고 하는데, 패전으로 초토화되고 식량란에 허덕였던 50여 년 전의 역사를 잊고 말았던 것일까? 종전 직후의 일을 생각하면 지금은 엄청난 혜택을 누리고 있다는 사실에 우선 감사하지 않으면 안 된다.

최고 경영자가 주가나 엔, 부동산의 움직임에 일희일비하는 마음을 모르는 것은 아니지만, 리더가 해야 할 일은 따로 있다. 리더 각자가 해야 할 일을 확실하게 하고 있으면, 지금과 같은 경제 상태가 되지는 않았을 것이다. 리더는 다시 한번 원점으로 돌아가 자기 자신과 주위를 돌아볼 필요가 있다.

역사를 돌이켜 보면, 여러 타입의 리더가 존재하였고 리더십도 동일하지 않았다. 그러나 역사상 최고의 리더라 불린 인물들을 보면, 리더로서의 공통 자질을 갖고 있다고 생각한다. 그것은 결코 '권력지향'이라든가 '개인적인 명예욕' 등에 의해 움직이는 것이 아니라, 한없는 '인류애'와 '인간애'에 토대를 두고 행동하였다는 사실이다. 나 자신, 어린시절부터 '세상에 나가 남을 위해 일하라'고 양친에게 듣고 실천해 왔다고 생각한다.

21세기까지 남은 세월은 얼마 되지 않는다. 고난을 딛고 일본을 부흥시킨 선인들에게 감사함과 동시에, 차세대에게 계승할 새로운 가치 창조에 도전하지 않겠는가? 이 책이 어느 정도 힌트가 되었으면 하는 마음이다.

마지막으로 이 책을 출판하는데 귀중한 조언을 해준 많은 벗에게 감사의 뜻을 표하고 싶다.

**저자 오타케 요시키**

1939년 히로시마 출생
1959년 히로시마현립대학교 졸업
1974년 AFLAC 아메리칸 패밀리 생명보험 설립 부사장 취임
1986~2003년 AFLAC 일본 대표자 사장 및 회장 역임
2003~현재 AFLAC 창업자 최고고문

**저서**

『과연 이대로 괜찮은지, 일본』(1994), 『주머니 속의 인간학』(1997), 『의료빅뱅의 권유』(1998), 『리더개조론-21세기형 리더십』(1999), 『의료빅뱅의 권유 II』(2000), 『인생대학』(2003), 『일에 있어 정말로 소중하게 하고 싶은 것』 (2004)

**역자 구명숙**

숙명여자대학교 국어국문학과 및 동대학원 졸업
독일 빌레펠트 대학교 문학박사
일본 소카대학, 와세다대학 교환교수 역임
현재 숙명여자대학교 국어국문학전공 교수, 숙명리더십개발원 원장

**역자 이영희**

경북대학교 사학과 졸업
사이타마대학 문화과학연구과 석사
소카대학 문학연구과 박사
현재 강원대학교 강사, 계명대학교 국제학연구소 연구원

일본의 미래, 새로운 리더십

지은이 | 오타케 요시키
옮긴이 | 구명숙, 이영희
펴낸곳 | 숙명여자대학교 출판국
펴낸날 | 1판1쇄 2006. 2. 1
주소 | 서울특별시 용산구 효창원길 52(140-742)
등록일 | 1968. 3. 20
전화 | 02) 710-9161~3
팩스 | 02) 710-9090

값 15,000원

ISBN 89-7182-183-3 03320